“十三五”国家重点出版物出版规划项目

图解服务的细节

031

覆面調査員は見た!感動のサービス　あきれたサービス

店铺服务体验师报告

【日】本多正克　著

张舒鹏　译

人民东方出版传媒
People's Oriental Publishing & Media
東方出版社
The Oriental Press

前言

笔者算不上是“服务行业”的专家，既没有在知名大酒店常年工作的经历，也没有在一流餐厅学习过“盛情款待之道”。而且，更不是一个学识渊博的、学习过那种“酒店管理理论”的咨询师。

所以非常抱歉，笔者无法为读者朋友们提供如何创造高品质服务的理论，也不能分享相关的实际体会。坦诚地讲，这本书不但没有写到“超”一流的服务，而且就算您在读过本书之后，也不一定就能达到与“超”高档商店相媲美的服务水准。

不过有一点是笔者一直引以为豪的，那就是人们称笔者是“日本最顶级的服务体验师（mystery shopper）”。“服务体验师”这个词，乍听上去不禁让人觉得有点蹊跷，但实际上它指的是“装成普通的顾客，调查商家的服务并进行综合性评估”这样一种工作。服务体验师会乔装成普通顾客并接受店家的服务，根据大量的检查项目对该店铺的清洁度、接待顾客的态度、商品及服务质量、商店氛围等进行评估，然后把得出的最终结果反馈给各个店家的领导。

在今天，不仅是顶级饭店、一流餐厅用得上服务体验师，就连我们老百姓日常光顾的餐饮店、零售店、服务公司等也会雇请服务体验师。所以涉及的企业非常广泛，恐怕没有哪个行业笔者没有前去调查过。可以说，服务体验师调查已经成为了一项理所当然的工作，并存在于任何一种行业。

最近几年，"服务体验师"这一字眼开始被各种媒体提及，所以相信不少读者朋友们也有所耳闻。不过说到笔者，可是从在雅虎（Yahoo!）、谷歌（Google）上输入"服务体验师"也搜索不出词条的时代起就开始扮演服务体验师的角色了。后来，笔者在日本首次对职业的服务体验师进行了组织化，分为普通调查员、半职业、职业调查员这3个层级，接受来自日本全国各地企业的雇请前往调查。

有一点可以骄傲地告诉大家，那就是笔者长年走访整个日本甚至是世界各国的各种店家。在笔者成立自己的公司前，曾走访了美国和欧洲 13 个国家，摸索出了一套独创的服务体验师调查体系。而现在，笔者仍然坚持走访日本全国的各个角落，在各行各业展开调查。

可以这么说，笔者已练就了一双火眼金睛，能站在普通顾客的角度，知道什么服务质量高，什么服务有欠缺。人们称笔者是“服务体验师中的顶级专家”，之所以这样称呼，应该是肯定了笔者具备的专业能力，即“能自始至终站在顾客的角度上，客观地观察店家，认真思考怎样做才能改善问题并提供行之有效的建议”。

要说为什么笔者能在服务体验师这一行一直做专家，这是因为即使是对几千几万家商店进行调查，笔者都不会忘记自己不过是以一名“普通顾客”的身份前来光顾的——这一点非常重要。可以说笔者非常善于站在一名普通顾客的角度看问题。如果做不到这一点，就成不了服务体验师的专家。我从内心深处相信自己的使命是站在“顾客的角度”，向商家传达“顾客的声音”。

笔者获得各个商家肯定的原因还有一点，那就是在得出调查结果后，笔者会马上为商家提出“改善问题”的对策。也就是说，虽然笔者本人并非在提供一流的服务，但笔者能提供如何达到一流服务水平的材料，这就是笔者最大的杀手锏。

在这本书里，将会大量介绍站在顾客角度上所观察到的店家服务是什么样的。本书所介绍的内容，不是仅在少数特定场所提供的“个别的待客之道”，而是向读者朋友们介绍无论在什么店家都能马上付诸行动的“举手之劳的服务”。

换句话说，本书的主题可以说是介绍各种“让日常中的服务更上一个台阶的方法”。而且，本书将站在顾客的角度上为读者朋友们讲述这些方法。

所以，如果读者朋友们在工作中出现了疑惑，或者因为现场问题而头疼不已时，敬请拿出一点时间翻阅这本书。本书不涉及任何深奥复杂的问题，所有章节介绍的都是只要稍下决心就能马上动手去做的方法，所以希望读者朋友们抱着“那就试试看呗”的轻松心情阅读此书。

如果在今后的某一天，当顾客光顾您的店铺后评价“这儿的服务真不错”，对于笔者也将是无比高兴的事。

这本书里还会介绍一些分店遍布全日本的连锁店中某个销售业绩一度排在末尾的分店的事例。即便是这种一度处于劣势的店铺，在经过了服务体验师的调查并接受了基于调查结果提出的小小建议后，现在无论是销售额还是顾客问卷评估都排到了全国所有分店中的前几名。

只要我们多拿出一点点干劲去努力，我们的态度也会感染身边的员工。而且这种精神还会逐渐传播给顾客。相信只要顾客神采奕奕，地区社会就会精神百倍。而地区社会精神百倍，整个社会也一定会充满活力！

也就是说，您踏出的一步将会慢慢改变整个社会。衷心希望各位读者朋友们能为建设美好的社会贡献一份自己的力量！

2007 年 6 月

本多正克

目　录

第 2 章 在我们与顾客之间创造“美丽的接触”

第 4 章 通过我们自身的进化提升服务品质

第 5 章 把突发事故、顾客的不满与意见转变为机遇

第 6 章 用团队的力量打动顾客

第1章 不要因为这种服务让顾客失望

连顾客走进店里都没注意到！

让我们想象一下当自己站在火车站内、看到新干线列车穿过眼前时的情景。在列车疾驶下，是不是根本看不见车厢内的样子？这是因为列车的速度太快，肉眼是跟不上的。

同样的道理，当人越是处于忙碌的状态时，其视野就越变得狭窄。当我们忙起来时，心思也容易跟不上节奏。随之而来的就是我们心里只能装下自己，顾不上别人。

有这么一家意大利餐厅，到了营业高峰时段，排队等候的顾客格外多，于是服务员们总是手忙脚乱，没有一丝从容。尽管有顾客招手等着服务，但服务员们一个个连自己眼下的活儿都忙不过来，根本无暇观望四周的状况。

甚至有些时候，竟然还会出现顾客都推门进店了而谁都没有觉察到的状况。再看这位顾客，刚开始也想叫住服务员，但最终只得不了了之，落得个怏怏而归。这家店总是出现这种状况。

当笔者受雇来改善这家餐厅的问题时，先在餐厅里仔仔细细地打量了一番。于是笔者发现，这家餐厅竟然没有一个人在纵观店面的全局状况。笔者感到，正是因为每个人都只盯着自己眼前的工作，所以更加造成了餐厅作为一个整体运转不良的状况。

在经过一番观察后，笔者是这么告诉每一位员工的：越是在忙碌的时候，越要瞬间回过神来，俯瞰整体和大局。因为这样做，就能看出此时此刻餐厅内发生着什么。

笔者提出的具体方法，是让每个员工提前找好一个固定位置，每隔一段固定时间就返回这个位置。比如：佐藤在每个小时的第 15 分钟就站到 1 号桌旁边；田中在每个小时的第 30 分钟就移动到餐厅入口附近。

到位后一定要站上至少 10 秒钟左右。当然，如果有顾客召唤的话要优先招待顾客，但除此之外，一定要站在这个固定位置上。这样一来，无论是多么忙碌的时间段，都腾出了驻足不动的时间。

员工们在做到站定后，一定要纵观自己分内工作之外的部分——在哪张桌上坐着什么顾客、现在是什么状况等。在看清大局状况的基础上判断哪桌的顾客最需要自己，并最优先地招呼那桌的顾客。通过这个办法，所有员工都能做到放眼掌握餐厅的整体状况，员工只在自己的职责范围之内活动的现象也大大减少了。

在忙碌时也能做到纵观全局，就凭这一点，顾客对你的印象就会大不一样。这是因为顾客认为如果他有需要时你能马上注意到并过来回应，那么你就值得他打心眼里信任。比如当顾客在看过菜单决定要点什么菜后，会东张西望地看身边有没有服务员，而在这时如果你能马上反应过来并回应顾客，那么顾客一定会觉得“你的服务让我觉得舒服”。

我们设想一下，如果自己作为顾客走进一家餐厅时的情形，相信一定不难理解作为顾客的心情。假设有两家餐厅，一家的服务员们各个忙得连看都不看我们一眼，而另一家，当我们一推门进去就被热情招呼“欢迎光临，马上领您到桌位，请稍等”，相信我们在两家餐厅的感受肯定大不一样。所以说，两个服务员，如果招待顾客的技能相当，那么谁能够掌握大局并马上行动，谁就更能获得肯定。

所以，我们应该养成这样一个习惯：店里越是忙的时候，越要纵观大局——有没有招手等待的顾客？有没有东张西望找服务员的顾客？有没有还需要提供服务的顾客？有没有水杯空了的顾客？

即使在最忙碌的时候，只要能冷静下来纵观整体状况，相信一定会在店内看到与以往大不相同的“景色”。

当学会了纵观全局后，自然就能发现哪些顾客有不便，哪些顾客需要我们提供服务。面对这些顾客马上采取相应的行动，顾客满意度一定会慢慢提高。

如果实在不能当场马上做出行动，也一定要开口应答顾客，哪怕说上一句话也好。这样做能让顾客感觉到“这个服务员做得不错，能看得清周围的状况”。

这一招让我们的顾客更满意

1

越忙越要保持纵观全局的从容心态。

你的指示只会让顾客越走越糊涂！

有一次在某家店里，笔者询问售货员洗手间在哪里。没想到这个售货员原地不动地站着，把脸朝向远处，丢下一句“在那边”就走了。笔者看了看所谓的“那边”，指的是商店出口的方向，心想洗手间大概在和这家店同一层的楼内，于是就走出了这家店。一出店门，确实看到了指示洗手间的路牌。可是顺着路牌的指示走，竟然绕着楼层走了大半圈，最后在相反方向的角落里找到了洗手间。

也不知道那位售货员是嫌解释起来麻烦，还是觉得顾客走一走就自己知道了，似乎他只是觉得扔下一句“在那边”就能起到指路的作用。但笔者觉得，他的指路方式太过粗枝大叶，其实大可以解释得再清楚一些。

还有的服务员指路更让人“瞠目结舌”。比如，对方告诉我“在那边”后，我又确认性地问一了句“嗯？你说的是这边？”，然后他告诉我“不对，是那边”——说的时候也不用手指明方向，只是凭感觉大致地面朝着“那边”的方向。如此指路，恐怕只会让顾客越走越迷糊。

不仅指路时如此，指示商品时也会发生类似的情况。

有一次笔者在箱包柜台进行店员的服务质量调查，笔者装成了正在寻找某样特定商品的顾客。当笔者说出商品名字时，售货员说“您说那件商品啊，那边就是”。可笔者放眼朝“那边”一看，同一个地方并排摆着 5 个包。笔者其实也不知道那个包到底是长什么样，所以根本搞不清售货员指的到底是哪一个。

当遇到类似情况时，作为售货员应该陪顾客一起走到摆放商品的位置。并且一定要保证亲眼看到顾客伸手碰到了这件商品。

在上文提到的指示洗手间位置的事例里，作为服务员，哪怕不能亲自带顾客走到洗手间前面，至少也应该陪顾客走到店门口，并用手指示方向，解释清楚去洗手间的路线，这样才算得上是热情待客。

也就是说，应该注意这样一点：只说“在那边”非常含糊不清，会给顾客造成态度冷淡的印象。所以一定要亲自陪顾客行动，并尽可能把顾客带到离目的地最近的地方。

特别要注意的是，有的顾客在走进店里后会打听去附近别的商店怎么走。这时候有些店员会面露不喜之色，心想“凭什么我要告诉你去别的商店怎么走”。

虽然店员的心情可以理解，不过想想顾客也是有困难才上门的，所以还是应该尽可能耐心地提供帮助。这么做，即使这一次顾客没有在自己的店里购物，但也能给他留下一个良好的印象。事实上，就有一些人被这样的热情服务所打动，日后作为正式的顾客再次光顾。如果是在百货店内同一楼层的别家店面，亲自领顾客到达目的地则是高水准服务的体现。

如果能自然而然地做到这样的热情服务，单凭此一点也能提高商店的价值。偶尔为之的热情并不会给顾客留下太深的印象。但如果是什么时候都做得到，商店就会逐渐获得顾客们的认可，被称赞为“热情友好”。

所以，当我们用“在那边”进行说明时，一定要保证顾客用眼睛跟上了我们的说明。当目的地就在眼前时，用手势指示方向；而当距离非常远的时候，可以在纸上画出路线，或者通过地图进行说明。除此之外，如果能陪着顾客一起走到“那边”，相信会换来顾客非常高的评价。

笔者在提出上述建议时，也曾有售货员提出疑问“如果是我正在忙的时候，应该怎么办”。确实如他所说，有些情况下实在没办法马上抽身为顾客指路。

当遇到这种情况时，要根据自己现在所做的活儿是否会影响到其他顾客做出判断。比如在餐饮店，如果在上菜的时候遇到顾客问路，那还是应该优先手里的事情。这种时候，叫住其他服务员代替自己指路也是可以的。

相反，如果停下自己手上的活儿也不会给其他顾客带来麻烦，就应该优先为这位顾客领路。不会影响到其他顾客就意味着这项工作不是那么紧急，所以迅速回应眼前顾客的要求更为重要。

如本文中讲到的，只要稍微改善一下指路的方法，就能被顾客评价为“这家店真热情”、“服务真周到”。

这一招让我们的
顾客更满意

2

身体力行，给顾客领路。

你说的“这款商品”到底是指哪一款？

同样是给顾客提供服务，可不知道为什么，有的服务员很有说服力，而有的服务员就是说不到顾客心里去。这究竟是什么原因在作怪？当然，其中有些情况是因为服务员在措词表达上存在小问题，或者在“手势”上存在问题，这第二条有点让人出乎意料。有些人说话让人听着觉得放心，是因为他们在说话的各个关键环节上，灵活地运用了手势。

某个购物中心，收银台距离卖场有点儿远，所以有一名店员专门负责给顾客领路。仔细观察这位服务员，会发现她在用嘴解释的同时，有时候还会用上“手”。

比如当她说“在那边”的时候，就会伸出手指示那个方向。此外，当陪着顾客一同前往时，有时还会用手指向顾客的脚下，并说“这边儿路不平，请当心脚下”。最后，当来到收银台前时，还会说“您请”，并做出请顾客上前一步的手势。

我们可以看到，这位服务员在每个不同的场景中都巧妙地加入了一些带有手势的动作。人在走路的时候说话不容易让对方听清楚，所以巧用手势发挥了很好的效果。

然而有一些服务员，习惯一切程序都用“嘴”来完成。当顾客在店里逛的时候，这样的服务员虽然会亲切地过来说明“这款商品怎么怎么样”，但是因为光动嘴不动手，所以顾客也不知道他说的到底是哪件商品。虽然他们的话语是耐心恳切的，可也不能在说话的时候一直把手交叉在胸前不动吧。这样做，是没办法让顾客注意到“这款商品”的。

也就是说，用手进行指示，能起到“集中顾客视线”的作用。只用嘴解释商品和手嘴并用解释商品会产生完全不同的效果。我们仔细观察电视购物里导购员的介绍，就会很容易明白这一点。他们就通过非常灵活地发挥“手”的作用，对商品的宣传起到了极为有效的效果。

比起日本人来，外国人更善于用手势交流，有时甚至让人觉得有点夸张。不过笔者在这里想说，并不是在任何场合下只要用手势就能解决问题。打手势最根本的作用在于对口头说明进行补充，所以打手势要用在关键点上。关键点指的是向顾客展示商品时、向顾客说明注意事项时、引导顾客行动时等。

在与顾客交流时“手嘴并用”，可以大幅度提升顾客对我们的印象。下面就为读者朋友们介绍这么一个有趣的小事例。

这个事例发生在某家大型弹子球店内。玩过弹子球游戏的人想必都清楚，弹子球店里声音非常嘈杂，相互之间说话很难听清楚。如果店员声音太小，顾客常常要再回问一句“你说什么”。不过无论是店员还是顾客，都觉得这也是无可奈何的。

有一次，有一位初来弹子球店玩的顾客在调查问卷中这么写道：

“店里的嘈杂声大得吓人，但感觉很有活力，很有趣。当我问店员厕所在哪里的时候，说话的声音都被周围的游戏声盖住了，所以店里最好能把路标做得清楚一点，或者给顾客们准备一份去厕所的路线图。”

在看过这张调查问卷后，负责人恍然大悟：因为每天都在弹子球店里工作，所以声音嘈杂已经见怪不怪，顾客因听不清而反复询问也早已经司空见惯了。不过要说店家是不是有想得不周到的地方，也的确是还有地方做得不够好。

然后负责人马上在店里换上了更大号的路标。此外，店里还规定，当口头表达难以让顾客听清时，还要给顾客看小型的店内地图，并在进行说明时灵活运用手势。于是当顾客再问到厕所在哪里时，店员就会马上拿出店内地图并用手势指示方向，这样一来大部分顾客即使听不清店员说什么，也能明白厕所的位置。

这套办法在实际试行后，收到了很好的反馈。虽说只是一些很微小的改进，但收到的效果却非常大。这家店实际做出改进的，无非是换上了更容易看清楚的大号路标、准备了一份店内的地图、店员在回答时用上了“手势”——几乎没有花费什么成本。特别是店员的“手势”，只要想到了，马上就能付诸行动。

各位读者朋友们也可以重新回顾一下自己的工作，想一想可以在哪些环节加上“手”的动作。当想把顾客的视线集中到某一点时，或者想向顾客表达一些小小的关心时，手势都会发挥出惊人的效果。

这一招让我们的顾客更满意

3

手口并用，让手也“说话”。

到底打算让我等到什么时候?!

光阴并不是匀速流逝的。这句话乍听起来或许有些令人费解，不过读者朋友们有没有过这样的体验：同样是一个小时，有的时候时间转眼就过去了，有的时候却很漫长。做自己喜欢的事的时候，一个小时转瞬即逝，而无所事事时，会感到时间特别漫长。

为什么要提到这个话题？是因为我们能否清楚地体会这种感觉，将在很大程度上影响到服务的质量。

请跟笔者一起想象一下这样的情景：假设你一整天都忙得不可开交。从早上起你就没吃任何东西，到了午休时间，以为总算能吃上口饭的时候，突然有客户来访，结果午饭也没吃成。于是你只能在心情烦躁中继续下午的工作。等到了晚上 7 点的时候，终于可以去吃饭了。于是你走进了公司附近的餐馆，按捺住恨不得立刻开吃的心情，打开了菜单。

这下总能吃上饭了——你一边这么想着一边等着服务

员上菜，可是菜怎么也不来。相反，比自己晚进店的顾客的餐桌上，端上了一道又一道的菜肴。你的忍耐差不多已到了极限吧？当问服务员时，他的回答也不过是“好的，马上给您去催一下”，谁知道他到底有没有给你去催。于是你又等了 10 分钟，结果菜还是没上来。原来厨房把你点的菜给忘了。

如果遇到这样的情况，你肯定会火冒三丈，向餐馆提意见吧？

实际上，这种情况是经常能遇见的事例。不但笔者本人有过亲身经历，我身边的人也都至少经历过那么一两次。如果第一道菜上得慢了，那么顾客在这家餐馆用餐的整个过程中都会感到心情烦躁。因为最开始的失误往往是很难弥补的。

对于这个问题，我们至少可以得出一点教训：第一道菜必须在 3 分钟之内端上桌。即使顾客看上去肚子并不饿，也是一样的道理。以“3 分钟之内端出第一道菜”作为目标接待顾客，是获取顾客信任的第一步。

当然了，不同的顾客对时间的感觉是不一样的。有的人等上 5 分钟也不会发牢骚，甚至有人等上 10 分钟也不觉得有什么。但如果能严格遵守这个“3 分钟原则”，那么几乎所有的顾客都会认为这家店上菜速度是非常迅速的。

不仅如此，还会给顾客留下工作干净利索的好印象。

如果第一道菜能够保证在 3 分钟以内端上桌，那么第二道菜之后，即使上菜时间稍有间隔也不会有大问题。这是因为顾客们正在品尝第一道菜。相反，当顾客在等第一道菜时，处在什么都没得吃的状态，会格外感觉自己“被餐馆晾着了”。

“3 分钟之内端出第一道菜”，这个原则听起来容易，可实际在餐馆最忙的高峰时间并不容易做到。要想做到这一点，既需要服务员跟厨房员工衔接顺畅，又需要大堂内的每一位服务员明确认清自己的职责。

有读者可能会问，你说的这个原则是不是只适用于餐饮业？其实不然。如果放到零售业或者服务业，这个原则可以套用在“初步接待”上。“初步接待”指的是当顾客走进我们的店铺，开始在店里闲逛时与顾客进行的沟通。在这个短暂的时间里，如果导购员置之不理，就会有一部分顾客走掉。因此在零售业或服务业，顾客走进店铺后的初步接待就显得至关重要。

在这种场合下，就不是刚才所说的“3 分钟”了——我们一定要在短短的“30 秒”内做出准确的判断。也就是说，走进店铺的顾客是想买点什么，还是进来看看而已——我们要在 30 秒的时间里判断出顾客的目的。

如果读者朋友在餐饮业工作，那么就应该找出一个任何时候都能在3分钟之内上菜的办法。这里我们当然不把端茶倒水算在内。也就是说，接到订单后，要在3分钟之内把“吃的东西”端上桌。如果觉得3分钟之内把菜端上桌很难，那么应该不惜免费提供试吃品或赠品、开胃小菜或面包等，总之一定要严格遵守这个3分钟原则。如果能切实做到这一点，会给顾客留下服务迅速的好印象，随之也提高了整个店铺的品质。

如果读者朋友们在零售业或服务业工作，那么请一定要在30秒内看准与进店顾客最初的接触点。不管顾客有没有购买的愿望，如果对其完全不予理睬，顾客会觉得导购员不热情。或者也有不少顾客会因此而悲观地认为店员完全不把自己当回事。所以，与顾客的第一次接触一定要迅速并且不能潦草行事。单凭做到这一点，顾客也会认为店员的服务水准高。

这一招让我们的顾客更满意

4

一定要严格遵守“3分钟之内端出第一道菜”的原则。

至少商品价格要张口就说得出来吧！

似乎越是性格认真的服务员，在遇到顾客提问时就越会费尽心思地考虑该如何回答。有的时候顾客只是随便问问，但因为他们考虑得太认真，而无法对答如流。如果在回答顾客提问的时候“嗯，哎，这个嘛……”地吞吞吐吐，会让顾客在心理上产生不踏实的感觉。

为什么会回答不出顾客的提问？原因有很多种。像上面举到的这个例子，是因为店员把问题思考得太复杂了。除此之外，不少新上岗的服务员普遍存在的问题是，因为知识储藏太少而回答不上来。另外还有极个别的情况，是顾客提出的问题本身太难，如果回答时有任何闪失，会造成不负责任的问题。

不管是以上哪种情况，干脆利落地回答顾客的提问非常重要。如果顾客在问到商品价格的时候店员都吞吞吐吐，顾客会觉得这个店员“根本什么都不懂”。而当问到“这个东西是什么料子做的”的时候，如果店员的回答是“这个嘛，嗯，好像是……”，顾客会觉得店员靠不住。所以，作为店员应该提前把最起码的商品知识牢牢记在脑子里。

如果顾客提出的有些问题自己一个人实在是回答不上来，就应该马上向顾客解释：“我对这个问题还不是很了解，非常抱歉。我现在就去问一下老板，请您稍等。”然后尽可能迅速地询问上司或前辈后给顾客一个答案。

不过，有些顾客的提问并不仅仅是有关商品的知识。比如有人会问“我要是当礼物送给女朋友，这两件里，应该选哪一件呢”。突然碰到这样的问题，估计有些人不知道怎么回答才好吧。

当问题的主观性较强，或者自己的说明有可能对顾客产生不好的影响时，回答起来确实很有难度。笔者也非常能理解这样的心情，不过问题在于不能不给出任何回答。无论顾客提出怎样的问题，都应该在经过自已认真思考后，给顾客答案。

与顾客之间的一问一答就好比是两个人在玩棒球的接传球游戏。总之，当顾客把球扔过来的时候，一定不能无动于衷。无论顾客投给我们怎样的球，都应该努力接住。万一出现了球没接住的情况，也应该找到球，捡起来，再扔回给顾客。这种接传球的一来一往，是服务员建立与顾客之间信任关系的关键。

那么，假如顾客单方面地提出要求，比如说“这张单子上写了每件商品需要发送的地址，刚才我买的所有商品，明天之内你们给我全送出去”，读者朋友该怎样回答？

即使是这样的情况，我们首先要做的还是把接传球的游戏玩起来。比如可以把球这么扔回给顾客：“请问这些商品是要加急运送的吗？”如果在问过这个问题后顾客又说了什么，就可以把一问一答继续下去。

或者还可以这么回答：“本店可以提供发货业务，不过需要另收手续费。我现在就给您查一查具体的收费标准，耽误您一点时间不要紧吧。”这样的回答也相当于是把接到的球又传了回去。所以说，我们可以在反复几次问答中寻找答案，只要最终能给出一个像样的答案就足够了。

问题的关键在于最终一定要给顾客一个利落的答案。如果服务员一直处于含含糊糊的状态，不但会让顾客觉得不放心，甚至有的时候还会引起顾客投诉，埋怨我们“为什么当初问的时候不给个答复”。

上文所说的“含含糊糊”里，还包括店员一声不吭的情况。

下面的这个事例是笔者在某家书店遇到的：有一位顾客问柜台的店员“有没有××这本书”，这名店员一声不吭地就跑到里面的电脑前查了起来。查找的过程花了一些时间。

于是，刚才咨询的那位男顾客突然发起脾气来，指责店员说：“我问你的东西，你压根就不想查，是不是！”原来，这位顾客其实是个外国人，他觉得自己好像受到了歧视对待。自己明明向店员提出了问题，可店员却一声不吭。他就觉得是不是因为自己是外国人，店员才故意不予理睬。

这个事例实际上反映的是，顾客把球扔了过来，店员却没能用语言把球传回去，最终酿成了大问题。而受到指责的店员看起来也是吃了一惊，反复向顾客解释说“我刚才正给您查着呢”。

回答问题要干脆，既不要含含糊糊也不要沉默不语。这就是我们应该掌握的，当顾客把问题扔给我们的时候应该如何传回去的方法。

这一招让我们的顾客更满意

5

无论顾客问什么问题，都要回答得干干脆脆。

你以为低一下头就算是鞠躬啦?

笔者曾经在某家超市做过服务体验师调查。工作在那家超市的员工，既有正式员工，也有打临时工的高中生。有的人做小时工都已经几十年了。

笔者进行了几次调查后，发现了一件很有趣的事：顾客对售货员的评价高低与售货员的工作年数并不成正比关系。也就是说，有的人工作经验少但受到的评价很高，而有的人在店里做了很多年却评价很低。

从工作水平来看，有多年经验的售货员确实工作更熟练。就顾客的满意程度来说，工作时间长未必获得的评价就高。笔者觉得这项调查的结果非常耐人寻味。

那么，为什么顾客对只做了 5 个月的临时工售货员给予很高的评价，而对做了 7 年之久的小时工却给予较低的评价呢？

二者的差异竟然出现在了“鞠躬的 15 度差”上。

刚工作 5 个月的临时工售货员，在收银台前对每一位顾客都一句不落地问候“欢迎光临”、“谢谢惠顾”，并恭恭敬敬地鞠躬致意。应该是她很在意自己才做了5个月，还有很多不熟悉之处，所以才格外地认真努力吧。

相反，具有丰富经验的小时工，在常年的工作中已经习惯了在收银台后进行的流水式作业。导致一味地追求工作速度，不正眼看顾客，问候时也只不过是象征性地低一下头而已。

在收银台前排队等候的顾客里，很多人不喜欢售货员慢慢腾腾地工作。但同时，并不是只要速度快就一切都没问题了。不跟顾客问候、把商品胡乱往购物袋里一扔，这种做法肯定不会给顾客留下好心情。事实上，如果一个售货员已经能够以一定的速度操作收款机了，接下来需要做到的就是“准确”和“恭敬”。

不用说，只把头象征性地点一下的售货员，和恭恭敬敬地低头鞠躬的售货员，肯定是后者能给顾客留下更良好的印象。顾客们对售货员的鞠躬方式比我们想象的要敏感得多。鞠躬点头时区区15度的角度差，带来的影响远远超出我们的想象。

现在，请读者朋友们回顾一下自己的工作。平时在跟顾客打招呼时是不是漫不经心的？对顾客的问候是不是流程化的？或者有没有不点头而只是口头打招呼，或者只把头轻轻低一下的坏习惯？

如果你就是这样做的，那么肯定已经在鞠躬不得体上吃了亏。所以请在鞠躬的时候，一定要再低15度。

让我们换个角度来看看鞠躬。其实，关于问候顾客这个环节，大多数情况下服务人员只不过是自己感觉做到位了而已。

笔者就曾遇到过这样的情况。当时笔者在某个餐厅对服务员们进行接待顾客的培训。为了确认整个工作流程，笔者让每一个服务员都从头到尾把工作流程演示了一遍。结果发现，其中一个年轻的男员工几乎没有鞠过躬。而且，当笔者把问题指出来之后，他本人不仅完全没有意识到，还露出不满的表情，说："我一直都是低头鞠躬问候顾客的。"

但就我的观察而言，跟其他服务员相比，他的鞠躬怎么看都不成样子。当他下意识的时候会态度认真地鞠躬，过一会儿，就会马上变成"蜻蜓点水"。

为了让这个服务员有一个清晰的认识，我决定把每一个员工工作时的样子录成视频。当我把录像内容给这个服务员看的时候，他惊讶不已。他吃惊的原因是他一直以为自己做到了鞠躬，而且也从来没有人指出过他的这个问题。

通过客观地审视自己工作时的样子，他终于意识到了自己鞠躬的方法不对，并理解了笔者所说的鞠躬时再低 15 度的意思。

我们十分有必要站在镜子前，重新审视一下自己在平时一连串的工作流程中鞠躬时的样子。如今的手机都有录像功能，所以也可以找同事帮忙拍下我们鞠躬时的样子。通过观看这样的视频，我们应该能够更客观地看到自己平时鞠躬时究竟是什么样子。

鞠躬时，哪怕只有 15 度的差别，顾客也会非常敏感地感觉到。或许有人认为这不过是 15 度的差别而已，但这小小的差别却会在顾客满意度上体现出巨大的差异。既然鞠躬上小小的差别都会给人带来如此不同的印象，那我们就有足够的理由意识到问题之大，并要加以改进。

这一招让我们的顾客更满意

6

鞠躬时有意识地把头再低 15 度。

我就光听见服务员说“欢……”！

不少服务员在工作忙碌时，很容易忘记“把动作停住”。特别是到了节假日的客流高峰时段，会有大量顾客光顾商店，所以服务人员如何更加麻利迅速地行动更为重要。

然而，如果习惯了如此繁忙的工作，服务员的一切举止不免成为一套流水式作业。比如，我们有没有见过这样的服务员：在说“欢迎您下次光临”的时候，还没对着顾客把“欢迎”两字说完，身体就早已转到了一边。

笔者实际接触过这样一个事例：在某家日式小酒馆连锁店的分店里，从某个店员说的话里只能勉强听出个“欢……”字来，因为语速太快，完全不知道他在“欢……”后面说了些什么。不但如此，当他说完“欢……”字之后马上就转到了下一个动作，所以让人觉得他忙得很，不好意思招呼他过来。如果顾客临走时的送别做得如此马虎，那送别到底还有什么意义？这个店员虽然在很麻利地忙前忙后，但却给顾客留下一个工作粗枝大叶的不良印象。

于是笔者教给这位店员，当顾客离开店里时，“要再多看顾客的背影3秒钟”——听了这个建议，各位读者朋友们会不会觉得：“才3秒钟啊！”

实际上，当人忙碌起来的时候，3秒钟时间比我们想象的要长得多。特别是对于从来没有恭恭敬敬地向顾客道过别的店员来说，一开始也许会觉得这3秒钟简直是浪费了大量时间。不过不管他怎么想，笔者坚持要求他在向顾客道别后再数“一、二、三”，才能进行下一项工作。

笔者提出这样的要求有两个目的：首先，是向顾客的背后发送“感应波”。这句话是什么意思呢？虽然顾客们在走出店门后并不会回头看身后，但却能感觉到店员是不是毕恭毕敬地目送自己离店。也就是说，道别的话说了半截就转身做别的工作，和毕恭毕敬目送顾客出门之间有一个时间差，而顾客不用回头看也能感觉出来。

另一个目的在于，多目视顾客3秒钟，会营造出一股“余味”。如果服务员“唰”地低头鞠了一躬后马上转身走掉，会让人觉得他不过是走了个形式。但如果此刻能多拿出3秒钟的时间，就会在顾客心里留下一股余味。而这回荡在顾客与店员之间的余味会让顾客觉得心情特别愉快。

不过，笔者在让店员进行实践后，发现做起来远远比想象得要困难。他们反映说非常忙的时候绝对不可能停下来3秒钟这么久。而且还有店员提出，有了这3秒钟时间，岂不是可以减少其他顾客等候的时间。

确实如这位店员所说，如果省掉了最后的这3秒钟，就可以早3秒钟着手下一步的工作。然而，笔者认为等饮料端上来多花3秒钟时间，和最后让店员多目送自己3秒钟时间，二者的重要程度对于顾客而言是完全不一样的。所以说，就算考虑到实际的影响，目送顾客的3秒钟时间也有意义得多。

而且，认为在工作忙碌的时间段根本拿不出3秒钟时间向顾客道别，这个意见看似正确，其实是错误的。之所以这么说，是因为如果你觉得因为忙就可以疏忽了道别，其实是你骨子里认为只要忙就可以提交一份“半成品”。顾客们花钱购买的服务中是包含着店员目送离店的。如果你心里觉得可以省略道别，那么下一步很有可能就会想“忙起来的时候提供残次品也无所谓”。

可以看出，多看顾客背影 3 秒钟，看似简单，做起来却会发生不少问题。但有没有这 3 秒钟却会大大影响服务的品质。

上文提到的这家连锁店，一开始也很难让大家都真正落实这 3 秒钟。不过一旦有一个人做到了，然后又有一个人做到了，渐渐地就有越来越多的店员做到了。伴随着这样的变化，来自顾客的称赞也越来越多了。

各位读者朋友们，你在工作中目送顾客走出店门时有没有马虎了事？有没有以工作忙碌为理由，一边跟顾客道别一边准备开始下一项工作？

如果你在工作中存在这个苗头（哪怕只有一点点），不妨试着在目送顾客时多看顾客的背影 3 秒钟。仅因这 3 秒钟时间，顾客对你的评价也会大不相同。而且相信你本人心里也会多出一份从容。

这一招让我们的顾客更满意

7

目送顾客时再多看顾客的背影 3 秒钟。

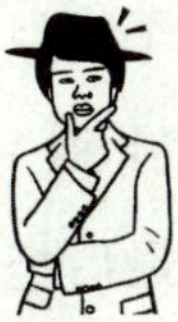

你自己的活儿比顾客还重要吗？

上一小节讲到，只要在目送顾客时的方法上稍加改进，就会给顾客留下截然不同的好印象。接下来笔者还是讲讲自己的亲身经历。某百货店内的一家服饰品店在两次接待笔者时的方式完全不同，给笔者留下了非常深刻的印象。

那天，笔者是在下班后回家的路上顺便走进这家店的，当时离营业结束只剩了 1 个小时。笔者想买一件西装，于是就和店员商量应该选什么面料和条纹。当最终决定买哪款好，并且店员开始为我量尺寸的时候，一看店里的挂钟，哟，都过了关门时间 20 分钟啦！笔者连忙向店员道歉，没想到那位店员反而很不好意思地向我道歉，说“现在百货店的出口已经关了，非常抱歉，一会儿只能让您从员工口出去了”。

结完帐之后，笔者注意到周围其他店铺的店员都忙着收拾整理，而接待我的这位店员却领着我一直走到了员工出口。那家店铺在百货店的B楼5层，而唯一的员工出口在A楼1层最里面。她先是把我领到了A楼，接着下到1层，然后又把笔者带到了位于最里面的员工出口。最后把商品交给笔者，并恭恭敬敬地向笔者道别。

店员能把送别顾客做得如此真诚恭敬，当然能给人留下非常好的印象。因为当看到店员只为自己一个人做了这么多时，顾客会觉得受到了贵宾级的待遇。

笔者的另一次经历发生在完全相同的情况下。但店员在送笔者出店时的方式却截然不同。那位店员站在店铺外的过道上，口头向笔者说明怎么走出百货店："您在前面先往左拐，然后直走……电梯这个时间已经关了……然后再往右拐"。等向笔者说完"欢迎您下次光临"后，就马上转身回去做关店准备了。

在经历了这两次相同状况下的不同待遇后，笔者深深体会到了店员把顾客送到出口的重要性。当然，商店尤其在营业时间结束时会格外忙，而且哪个店员不想早收拾完早回家呢？然而，越是在这样的情况下坚持把顾客准确地领到商店出口，顾客越会被店员的热心态度所打动，难道不是这样吗？

或许作为一名顾客（可能仅仅是笔者个人）要求店员做到这一步未免有些强人所难；或许当店员不管自己有多忙碌，还是提出要把顾客送到店门口时，考虑到店员的不易，婉言谢绝才是有礼貌的表现。但笔者在这里想要表达的有一点：有心把顾客送到出口的店员和只在店里靠口头说明了事的店员，两者在不知不觉中拉开了其自身的整体服务质量的差距。

关于把顾客送到出口这个话题，笔者在某家饮食连锁店也有一次印象深刻的体验。一提起连锁店，大家往往会觉得每家分店在服务上也都是全国统一的。不过，当你把所有的分店都走访过一遍后，会发现每家分店都似乎有着完全不同的面貌。

给笔者留下深刻印象的那家连锁店，其实跟大部分连锁餐饮店一样，一般情况下当顾客结完账后，店员会站在收款机旁向顾客道别。可是笔者就遇到了这么一家分店，其待客方式有自己的独到之处。其待客方式的独到之处体现在顾客要离开店的时候，负责该桌顾客的服务员一定会把顾客送到餐厅门外，向顾客恭恭敬敬地道别。

这家店的做法看起来容易，但实际做起来是很有难度的。

因为当顾客要离开店铺时，负责接待的店员必须要在顾客身边守候着。然而在餐厅忙碌的高峰期，给顾客上菜的人手都还不够，更别说店员能抽出时间把顾客送到店门之外了。

把顾客送到店门之外，意味着要占用为这一环节所花的时间，这样人手会越发紧张。所以店铺的相关员工们纷纷提出“要是这么做了，上菜的时间会越来越慢”、“要是在这上面花功夫，就更忙不过来了”等意见，最终几乎所有的分店都没能做到这一点。

不过，如果接待自己的店员把自己送到店门外，顾客一定会感到很高兴，觉得“店员注意到我要离开了”。不仅如此，顾客还会认为在连锁店都能得到如此热情的服务，一股满意之情会油然而生。

我们可以看到，在送别顾客的环节上做得不同，都能让店铺显得如此突出。顾客离店时，哪怕稍微抽出一点时间陪着顾客，一个小小细节就会大大地缩短与顾客之间的距离。

这一招让我们的顾客更满意

8

抽出一点点时间把顾客送到店门口。

第2章 在我们与顾客之间创造『美丽的接触』

我喜欢你这么有趣的名片！

当笔者作为一名服务体验师走访大大小小的商店时，有时不免会为某些店员服务的美中不足感到惋惜。比如说，当今在公司与公司往来时，员工之间互换名片早已成了不成文的规定，可是有些服务员在跟顾客交流的各种场合下，竟然一次都没递上自己的名片。另外有的商店也没有给顾客名片的习惯。

对顾客频繁光顾的卖场来说不存在什么问题，可对于顾客不怎么光顾的卖场，店家就必须为给顾客留下好印象而做出最起码的努力。

给顾客留下深刻印象，一个有效的办法就是赠送名片。在顾客购物过程中，无论我们与顾客聊得怎么愉快，如果最后没有留给顾客一个“有形”的东西，事后很有可能会被顾客忘掉。顾客在买东西时虽说“下次还来你们家买”，但仍然有可能发生“一去不复返”的情形。所以，为了能给顾客多少留下点印象，赠送名片是必不可少的手段。

向顾客赠送名片，既表达了对顾客光临商店的感谢之意，又包含了希望顾客今后还能光临的欢迎之情。递交名片不仅能起到宣传商店魅力的作用，也是一个向顾客展示个人魅力的机会，因为可能有些顾客就是会冲着某个店员的个人魅力而再次来访。

所以，要向顾客赠送名片，可以用公司统一印制的名片，没有的话可以用自己制作的名片。当然，自己制作名片之前，必须征得公司的同意。如果公司不同意私自制作名片，那就应该积极向公司提议为员工印制名片。

做房地产或汽车销售的销售员，卖的是价格相对昂贵的商品。然而在这样的行业里竟然有不少销售员没有给客户名片的习惯，这让笔者感到不可思议。也许他们看到顾客是只看不买，就在不知不觉中怠慢了起来。甚至有些人在接待客户时，脸上都写着“反正你又不会买”。

他们这种态度和接待顾客的方式，顾客是马上就能看得出来的。所以笔者觉得他们的这种做法让人感到非常遗憾。如果只因为没有递上一张小小的名片，就伤害了顾客的感情（哪怕只是一点伤害），可以算得上是一个极大的损失。

所以一定要向顾客赠送名片，在自我宣传上绝不能有半点犹豫。笔者走访过世界多个国家的店铺，有一个深刻的体会，那就是我们日本人在绝大多数情况下推销自己的力度实在不够。因为日本人的思维习惯是在热情周到地接待顾客的同时，绝不能“兜售”自己。

有些人似乎过分遵守“顾客优先”的信条，把自己彻底放在了“倾听者”的位置上。然而，聆听顾客的声音和让顾客对自己有印象，是两个层次完全不同的问题。作为顾客，会宁可与不知道姓甚名谁的人打交道，也不愿意跟自己熟识的人交流吗？

所以，我们应该有意识地把名片当成一件工具，让顾客更加了解自己。作为更加有效的方法，最好在名片上写上自己的优点（自我宣传语）。我们可以想想怎么介绍自己，可以让顾客看一眼就能留下深刻印象。这样的宣传语不但能让顾客觉得亲切，还能创造让顾客主动跟我们交流的机会。比如，顾客看了我们的自我宣传语后可能会说：“哎呀，你做过这么有意思的事儿啊。”

下面为读者朋友们介绍一个笔者曾经负责培训过的餐

饮店的事例。在这家餐馆，每张餐桌都由一个固定的服务员负责。难得每张桌的服务员都是固定好的，为了利用好这个机会，笔者要求他们在顾客点餐前一定要做自我介绍，当顾客离店时，要递上名片以表感谢。名片背面，是一张下次打 9 折的优惠券。

但只做到这一步的话，顾客很有可能只把这张名片看成一张普通的优惠券。所以笔者让每一位服务员在自己的名片上又加上了一句自我宣传语。笔者让他们通过员工会议和从日常的交流对话中找出能凸显自己特点的字眼，然后打印在每个人的名片和工作牌上。而且在收款机周围也要摆放上服务员的照片和自我宣传语，这样又能进一步增加被顾客看见的机会。

通过这些个小措施，越来越多的顾客在叫服务员名字的时候，还会加上每个服务员的自我宣传语，比如“笑容阳光灿烂的小×”等。刚开始的时候服务员们还会觉得不好意思，不过后来也渐渐习惯了。过了半年，服务员们已完全觉得理应为之，甚至在向顾客做自我介绍时会大大方方地说“欢迎您今天光临本店。我是为您服务的小×，我的特点是笑容阳光灿烂”。

接待顾客，也是一次次人与人相识的缘分。我们应该积极地递上自己的名片，珍惜与人相识的缘分。而且应该尽量有意识地让顾客记住自己。今天赠送的每一张小小的名片，日后有可能发挥出意想不到的效果。

这一招让我们的顾客更满意

9

巧妙地进行自我宣传，给顾客留下深刻印象。

一波波的"谢谢您"让我好感动！

就像日语里"以心传心"说的那样，日本人的一个性格特点就是"一切尽在不言中"。或许是出于这个原因，很多日本人不习惯把感谢的心情用语言表达出来。然而在服务行业，面对顾客时要积极主动地表达谢意，这样才会获得更高的评价。

笔者从对待客服务进行的各种调查中总结出，对每位顾客每次必须表达至少5次感谢之情，这样顾客才会觉得"这个服务员的礼貌用语确实做到位了"。或许有些读者朋友会抱有疑问：每接待一位顾客，能有用5次礼貌用语的机会吗？实际上，几乎所有的行业或职业形态，一定存在使用5次礼貌用语的机会。

第一次是顾客进店时。当顾客推开店门，我们要以"欢迎光临"的问候迎接顾客。对顾客光临本店表示欢迎，是第一次的谢意表达。

第二次使用礼貌用语时，如果是在餐饮行业，就是在把顾客领到餐桌的时候。我们要以“欢迎光临，您这边请”向顾客表示欢迎。此时顾客将接受服务员第二次表达感谢的问候。如果是在零售业等行业，第二次表达谢意则是在顾客把商品拿起来端详的时候。比如这时可以对顾客说：“欢迎光临，请问您今天是想选皮包吗？”通过这样的问候，既向顾客表达了感谢之意，也为接下来的对话打开了突破口。

那么，第三次表达谢意是在什么时候呢？如果是在餐饮业，就是在顾客点菜的时候。顾客点过菜后，我们是不是说了“谢谢”二字？请注意，在这一场合是否向顾客表示感谢将产生巨大的差异。仔细观察各种店铺的服务员会发现，不少服务员只会说一句“好的，知道了”。顾客点过菜后，我们一定要说一声“谢谢”。零售业也是相同的道理，顾客选好商品后，要马上说“谢谢”，以表达对顾客的谢意。

第四次表达谢意是在结账的时候，餐饮业或零售业都一样。在这一场合，大多数人都会向顾客表达谢意，但也有极个别的服务员只提到钱。也就是说，他们只是反复提到商品多少钱、收了多少钱、找了多少钱。在这一场合，最好能在顾客走到收款台前时道一声谢，结完帐后再表示一次感谢，这样做，效果才是最好的。

最后一次表达感谢，是在顾客走出店门时。很多商店认为，在顾客结完帐后，接待顾客的服务就算结束了。而实际上，当顾客走出店门时，还应该最后说一声“欢迎您下次再来”，以表示感谢。

像这样，每一位顾客从推开店门进来到买完东西走出店门，服务员至少要分5次向顾客表达感谢之情。如果能在工作中有意识地做到这一点，留给顾客的印象会发生很大的变化。

或许有的读者朋友会认为：“礼貌用语要分5次说，没那个必要吧。”这种想法也有一定道理，毕竟礼貌用语不是随便说出口敷衍了事的，而且或许有些顾客也认为服务员礼貌用语讲得次数太多会起反效果。

但是笔者想要强调的是，向顾客表达谢意，绝对没有我们想象得那么容易就传达到顾客心里。虽然我们确实张口说出“谢谢”了，但只要没进到顾客的耳朵里，就等于没说。而且，如果顾客当时想着别的什么事情，把注意力都集中到那上面去了的话，很有可能漏听掉我们所说的话。

为什么感谢的话要说5次，这个数字是把顾客可能漏听考虑进去得出的结论。即使顾客在店里把注意力集中在了别的什么事情上，5次里也至少能听到3次。如果顾客能3次听到我们表示感谢，绝大多数人都会感到“这个服务员的态度真不错”。

懂得怎么接待顾客的人，可以说无一不是善于向顾客表达谢意的高手。一句简简单单的“谢谢”，其实也有很多扩展形式。

比如当顾客离开商店时，可以在说完“谢谢”后再添上一句“欢迎您下次光临”；当顾客点完菜后，可以在说完“谢谢”后再不经意地加一句“马上就给您端上来”。那些擅长接待顾客的服务员还有一个很大的特点，就是面部表情丰富、有感情。

读者朋友们也不妨试试，对每一位顾客，分 5 次在不同场合表达感谢之意。在做好这一点的基础上，把感谢用语扩展成多种形式。然后，在表达感谢的同时再配合上丰富的表情。如果能做到这一步，顾客一定会认为你的服务有相当高的水准。

这一招让我们的顾客更满意

10

至少要对顾客表达 5 次感谢之意。

还是你知道我的脾气，好开心！

我们每个人的性格都不一样，有的人性子急，有的人做事喜欢按照自己的节奏慢慢来，还有的人性格暴躁爱发脾气，等等。然而，当我们站在向顾客提供服务的立场上时，不管自己的性格是什么类型，都不应该把自己的行动节奏凌驾于顾客之上。

比如，如果顾客是急性子，那么服务员慢吞吞地工作就会招致顾客的不满。或许我们以为不紧不慢是“细致周到”的表现，但顾客会觉得这是“怠慢”。相反，如果顾客想慢慢来，却看到服务员忙前跑后停不下来，一定会觉得心里不踏实。再换个角度说，同一位顾客，在心情烦躁时来店，和在心情愉悦时来店，眼睛看到的景象肯定也大不相同。

虽然大家都是顾客，但每一位顾客的“情绪水平”却千差万别，如果全都以同样的方式对待，肯定会让顾客产生不满。因此，我们必须首先了解顾客的情绪水平，然后再找出最好的服务方式。

那么，我们应该在什么时机掌握顾客的心理状态呢？

答案是顾客刚进店时的第一次接触。我们应该在与顾客第一次接触时，就看准顾客的性格是什么类型、目前处于何种情绪水平。

实际上，要做到这一点并不是什么难事。首先，我们可以大致地把顾客分为“不紧不慢型”和“风风火火型”两大类。可以根据当时顾客的动作、表情大致判断出顾客是什么类型。

比如在零售店，如果顾客一件件地拿起商品又放下，或者在店里四处走动、不在同一个地方停留，那么就可以大体判断出他是“风风火火型”。在餐饮店，如果顾客找座位的时候转来转去，或者左顾右盼地找服务员，我们也可以判定他属于这一类型。

而“不紧不慢型”的顾客，肯定不会四处走动，而是拿着一件商品仔细端详、触摸；在餐饮店排队时也端坐在椅子上气定神闲，或跟一起来的同伴聊着天耐心等候。

所以说，仅凭与顾客的第一次接触，就能大体判断出顾客的性格类型。一旦习惯了，甚至可以掌握顾客细致的情绪水平。比如，我们不但可以从顾客的穿衣打扮或手提行李上读取各种信息，顾客跟什么人结伴而来也是我们进行判断的重要依据。另外，如果留心听顾客说的第一句话，还可以通过其说话方式或措辞了解顾客的心情。

说到这里，可能有的读者朋友会想："只有那种积累了丰富经验的老手，才能猜透顾客心里想些什么吧。"其实不然。一个人能不能读取顾客的情绪水平跟他工作经验的多少并没有太大的关系，而是取决于与顾客接触时有没有想了解顾客情绪的态度。刚开始工作的新手也是完全可以做到的。当然了，人在刚走上工作岗位时由于自身心理状态还没有稳定下来，可能还顾不上考虑顾客的情绪，但等熟悉了工作流程，马上就能做到。

那么，为什么有些人会觉得判断顾客的心情是件难事呢？这是因为不少人都认定"自己只能做到这些"，自己限制了自己的能力。于是原本其实可以做到的事情也变得做不到了。

比如那些只是老老实实地照着工作指示干活儿的人、别人教多少就做多少的人，会错过顾客留给我们的种种"蛛丝马迹"。他们在顾客推门进店时不会想到应该判断顾客情绪，认为自己说声“欢迎光临”就足够了。

当我们学会如何判断顾客的情绪水平后，接下来就应该配合顾客的情绪调整我们的服务方式。对于看起来心情愉悦的顾客，我们应该开朗热情地接待；对于看上去正在赶时间的顾客，我们则应该手脚麻利地接待。我们可以设想一下，自己处于顾客的心理状态时，希望服务员怎么接待我们，这样我们在接待顾客时就会更游刃有余。

极个别情况下，根据顾客的情绪水平提供相应的服务会招致与我们的预想相反的效果，但绝不能因此而畏惧。我们只有在经历过多次失败后才会有所进步。

如果能在提供服务时与顾客的心情同步，顾客一定会在不知不觉中认为你是理解他的。这样一来，他自然会觉得“这家店让人觉得舒心”，而成为回头客。

这一招让我们的顾客更满意

11

通过第一次接触判断出顾客的情绪。

装袋怎么慢吞吞的，没看见我正在赶时间吗！

在服务行业，大多数情况下，正式上岗前要参加培训，新手要按照一定的工作手册学习基础技能。这是一个非常有效的方法，可以让几乎没有相关工作经验的外行人在短时间内把服务质量提升到一定的水平。然而，当我们不加思考地就进行实践，很容易把工作做成“流水作业”，给顾客留下不好的印象。

我们可以回想一下，自己作为顾客时有没有过这样的经历：当走进一家店铺时，虽然听到了“欢迎光临”的声音，可是店员甚至都不瞧我们一眼，只是流程化的一句问候；服务员的每一步工作虽然都是按照流程指示来的，但就是感觉“心没在上面”。

我们一旦习惯了眼前的工作，就没有了刚上岗时的紧张心情，不再担心“自己接待顾客时做得到位不到位”或者“有没有让顾客产生不愉快的心情”。同时，随着对工作内容的逐步掌握，很有可能把工作变成了流水作业。这时候我们就容易满足于“自己把该做的活儿都做好了”，而忘记思考顾客的心情。

实际上，真正能获得顾客好评的服务，都存在于工作手册之外。也就是说，工作手册上列举的不过是服务的基本点。当我们熟悉了工作流程，基本能按照工作手册的要求做了，也不要以为自己的工作已经到位，否则会与顾客的心情之间产生隔阂。

或许有些读者朋友在道理上，明白学会了基本的工作流程之后才是工作的真正开始，但不知道真正的服务和所谓的“工作手册式的服务”到底哪不一样。如果用一句话概括二者的区别，那就是“能不能根据顾客的表情安排我们的服务”。这也是上一小节讲到的，通过观察顾客的表情掌握其内心至关重要。

虽有极个别的顾客面无表情，但绝大多数的顾客都会把喜怒哀乐的表情挂在脸上。我们要做的就是根据顾客的表情选择应该提供怎样的服务。在接待顾客时，服务的基本框架完全可以按照工作手册的指示来做，但我们应该通过观察顾客的表情，适度地偏离工作手册的要求。这就是区分真正的服务与“工作手册式的服务”的关键。

通过走访大量的实际现场和众多的服务人员，笔者发现喜欢按照工作手册行事的人可以分为以下三种类型：

①性格认真，对规定好的事情绝不会有丝毫偏离；

②认为只要把交给自己的工作做好就足够了的人；

③认为只要能拿到工钱就足够了的人。

其实第二种类型和第三种类型的人，只要心态改变，行动就会有所改变。最难解决的其实是第一种类型，即“性格认真”的人。因为这种人的价值观就是勤恳认真，所以他们很难认同“偏离工作手册要求”这一点。

如果遇到这样的员工，笔者会采取以下两种方法。第一，让员工重新去思考工作手册是为了什么而存在的。因为工作手册不是为公司制定的，而是为向顾客提供更优质的服务而制定的。所以要让他们意识到，对顾客无益的服务是本末倒置的服务。

第二，让工作手册本身有一定的灵活性。这就好比是汽车的方向盘，也会有一个左右能稍微多转动一点的“余地”。工作手册也一样，不能规定得太死，要留出一点让服务员自由发挥的空间。工作手册不应该硬性规定“干这个”或者“不要干那个”，而应该给员工留出思考“站在顾客立场上看是否合理”的余地。

笔者曾经在一家男装店看到一位顾客急匆匆地跑进店里，跟店员说要马上买一套西装。在这种情况下，作为服务员，最应该做的是敏捷迅速的反应。但按照工作手册，服务员必须按部就班、稳稳当当地工作，所以当时的服务员仔仔细细地把商品装进袋子里，花了不少时间。

不仅如此，当顾客说“我还想买衬衫和领带，你给我找件配这套西装的”的时候，那个服务员因这个突然的要求愣住了，嘴里含糊其辞、不知所措。在这种情况下，其实应该通过观察顾客的表情和举止判断出“速度第一”，并自始至终以此为大前提来调整自己的服务。

如果我们学会根据顾客的表情安排调整自己的服务，那么我们的工作就会更加受到顾客的好评。所以说，应该根据顾客的表情或举止进行判断，而不是一味地遵守工作手册的硬性规定。

这一招让我们的顾客更满意

12

根据顾客的表情安排调整自己的服务。

你看出我的手机是新买的啦！

似乎存在这样一种现象：对于经常光顾某家商店的老顾客来说，如果店员没有注意到自己身上的变化，他就会觉得有些失落。毕竟，但凡是人，都是在意自己的。人一想到别人在关注自己，就会不由地产生愉悦的心情。所以，如果能第一时间注意到顾客身上发生的变化，就能赢得顾客的欢心。

要想觉察出顾客的变化，平时就必须多留意顾客，否则是不可能做到的。关注顾客，可以是任何细微的小细节。只要觉得顾客今天好像跟平常有所不同，就应该积极地把自己的发现告诉顾客。

有些读者朋友可能不知道应该关注哪些细节，那不妨试试注意观察一些一般性的部分，比如顾客的发型有没有变化、衣服跟平日是不是有所不同、妆容有没有变化、随身携带的物品有没有换新等。

“觉察顾客的变化”并不仅限于回头客身上。哪怕是第一次光临的顾客，只要看到他身上有一样明显的“新东西”，就可以积极地与其交流。

比如接下来的汽车经销商事例就是如此。顾客在进店后把手机放在了桌子上。而这款手机恰恰是当时刚上市的新款，不但机身薄，设计也非常帅气。

于是销售员在与顾客开始正式交谈之前，把自己刚才注意到的作为话题开端，先开口说：“哟，您的手机样子可真够酷的啊！”接着又展开话题，问顾客：“这是最近才推出的新款吧。”作为顾客，别人夸自己刚买的手机也确实是件挺开心的事，所以随之就手机的话题跟销售员聊了起来。事后听这个销售员讲，手机的话题活跃了双方的气氛，买车的交易也进展得相当顺利。

从另一个角度来看，顾客身上发生的变化，既有短暂的、一时性的变化，也有长期性的变化。比如有的顾客过去一直喜欢穿得高雅别致，最近却喜欢起了色彩鲜艳的衣服；再举个更细小的例子，比如有些吸烟的顾客，可能抽烟次数减少了，或者香烟牌子换了等。如果我们能观察出发生在顾客身上的各种大大小小的变化，顾客就会慢慢地觉得这个服务员很了解自己。

不仅如此，观察服务现场的变化也很重要。比如刚才还是笑容灿烂的顾客，为什么突然满脸怒色？或者我们把顾客带到餐桌就座后，他为什么又站起来四处走动？

服务现场的这些变化之中，包含着顾客发出的各种信息。所以，我们应该对服务现场的顾客身上发生着的变化提起足够的重视。

也存在一种相反的情况，就是有些人虽然觉察出了顾客身上的变化，但是因为担心“如果说的话让顾客不高兴了怎么办”，就选择了沉默不语。他们似乎担心言多必失，所以怎么也开不了口。

但是笔者觉得，把话憋在心里不说出来实在是太“浪费”了。我们难得注意到了顾客身上发生的变化，岂能错过与顾客拉近距离的大好机会？

如果担心自己言多必失，我们可以提醒自己说些“积极阳光”的话题，这样可以避免失误。比如“这块手表跟您真配”，或者“这块手表真时尚”等，都是积极阳光的好话。相反，比如“您这块手表是花多少钱买的”，就不是特别积极的问话。有些顾客听到这样的话，可能会想“他这么问我有什么动机”，从而毁了购物的兴致。

另外还有一个要点，就是我们要判断自己说的话是指向顾客的还是指向别的什么。假设我们说的话带着一个箭头，我们要判断这个箭头是不是朝顾客发出的。比如“您戴着真合适”这句话，是指向顾客气质的。可是，“这块表花多少钱买的”这句话，表面上箭头是指向了顾客，但实际上是朝东西本身去的。所以说，只要说话的时候多说“积极阳光的话”或者“指向顾客本身的话”，基本就不会出错。

当注意到了顾客身上的变化时，能否说上一句风趣讨巧的话，会给顾客留下完全不同的印象。首先要通过观察顾客，寻找其身上发生的变化。如果发现了变化，就主动跟顾客交流。无论是多么微小的细节，只要是顾客觉得高兴的内容，就一定可以由此展开各种新的话题。

这一招让我们的顾客更满意

13

要尽早注意到顾客身上发生的变化。

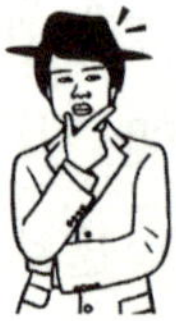

你们的服务跟高档商店一样，佩服佩服！

下面要讲的这个事例发生在笔者去过的某家高档餐厅。从门口到餐桌，负责接待我们的服务员做得都很好。但很遗憾的是，她对我们手里拿着的行李无动于衷，在对我们说过“请您这边坐”之后，放下菜单就转身忙别的工作去了。

我们也不知道该把一大堆行李放在哪里，于是所有人不得不把全部行李都堆在空出来的一张椅子上。刚才的服务员虽又多次来到我们餐桌前，但自始至终对我们的行李不闻不问。虽然那家餐厅的菜肴美味、情调也很高雅，但笔者清楚地记得自己离开时的遗憾心情。

我相信，这家餐厅的服务员们都接受过一整套的工作流程训练。也正因为如此，明文规定的工作都做得很到位，但是在最根本的需要体现人情关怀的方面却不够细心。笔者猜想，服务员肯定没把“关照顾客的行李”当成应该做的事情，因此根本没有考虑过这个问题。

与上面相反的一个事例，发生在一家人均消费仅 1500 日元的意大利面餐厅。服务员看到我们手上提的行李后，马上热情地说：“不介意的话，您可以把行李放到这边的行李筐里。”在其他方面，她提醒我们走路时注意店里的台阶，我们的水喝完后马上过来倒满。总之，我们在方方面面都感受到了店员对我们的关心。

一家店铺档次虽高，却不把顾客的行李放在心上；另一家店铺虽普普通通，却做到了细致周到的服务。从服务的角度来考虑，无疑经济实惠的后者价值更高。而且要说哪一家店铺能更长久地获得顾客的支持，肯定也是后者。

所以说，如果一家店铺在运作时真正地站在了顾客的立场上，那么他们连关照顾客的行李都会做得一丝不苟。一家店铺如果只注重外在形式，就会在这些细节上暴露缺陷。类似这样的体现商店对顾客关怀的要点还有很多，这些要点日积月累，最终决定了一家店铺的综合服务能力。

仅把顾客携带的物品作为切入点来思索，其实就有各种各样的处理方式。比如在有些店铺里，顾客进店时会收存顾客的外套，顾客离开时，不是仅仅把外套交到顾客手上就完事，而是会帮顾客穿上。或者像上面的事例介绍的那样，有的店铺事先准备好了行李筐，顾客可以按自己的喜好放置行李。甚至还有的店铺，服务员在引导顾客把行李放在空闲的椅子上之后，还会再套上一层椅罩，以避免饭菜的汤汁溅到顾客的行李上。

除此之外，比如某一家牙科诊所，会在入口处收存患者在换拖鞋时委托的行李，然后模仿宾馆的方式为患者搬运行李。还有的店铺，竟然在店里设置了一台柜式冰箱，向顾客提供临时保管生鲜食品的服务。这些店铺的收费方式虽然各不相同，但绝不都是高档商店。

如何定义高档商店，每个人都有自己的标准。但至少，称得上是优质商店的店铺，都会在从顾客消费的金额范围内，最大限度地提高自身的服务能力。如果一家店铺收了顾客10000块钱却只提供了10块钱的服务，那么大多数顾客会觉得吃亏了。相反，如果只收了1000块钱却提供了价值3000块钱的服务，凭这一点顾客就会觉得这家店铺魅力十足。

笔者曾在某次培训中对学员们说过："单是注意到顾客手里提的行李，你自身的价值都会大大提高。"然后笔者问那些没有关照过顾客行李的学员："为什么对顾客的行李无动于衷?”有的学员说“顾客自己先把行李搁在椅子上了”，还有的说“因为顾客什么都没说，所以我以为不会有什么问题”。

但是，这样的想法是错误的。80%的顾客即使遇到不满意的情况，也不会说出口，而是默默离去。如果因为顾客没开口我们就什么都不做，那跟自助式服务又有什么两样。既然我们作为直接接待顾客的服务人员参与其中，就应该尽可能地提醒自己要多关注顾客、懂得关照顾客、为顾客着想。所以，不能因为顾客先把行李放在椅子上就置之不理，关键在于能不能在此之上再去为顾客做点什么。

可以看出，能否注意到顾客携带的行李，也是衡量服务品质的一项标准。不仅要关注顾客本人，还要对其携带的物品足够敏感，边思考这是什么物品、应该如何保管，边采取相应的服务方式。如果能做到这一点，顾客会觉得你的服务更上了一层楼。

这一招让我们的顾客更满意

14

不仅要关心顾客本人，还要关照其携带的物品。

本来是想在你们家买的……

对我们来说，顾客提出的每一个问题都是机遇。或者说，不仅是提问，顾客说的每一句话都应该看做是机遇。

跟顾客聊天的时候，他们会提出各种问题，比如“这是什么材料做的”或者“这东西怎么用”等。懂得怎么接待顾客的售货员，从来都会非常认真地对待顾客的每一个提问。如果顾客问“这是什么材料”，售货老手不仅会告诉顾客材料名，还会从这一问题巧妙地展开对话，涉及更多方面。

比如，顾客问及商品的布料时，有经验的售货员不仅会回答出商品的材料，还会拿出布料更高档的商品，说：“这件衣服是亚麻做的，穿在身上更加凉爽。”他们会通过这样的方式展开对话。也就是说，他们在跟顾客聊天的时候，会自然而然地在脑子里琢磨：“既然问到了面料，或许对这位顾客而言，‘面料’就是一个关键词。”可以看出，小小的一个提问都隐藏着吸引顾客兴趣的线索。

相反，如果聊天的时候没有考虑到顾客话里隐藏的情绪，就很有可能导致意想不到的失败。下面这个事例发生在某家鞋店。有位顾客说：“这双鞋，我下雨的时候穿了一次，可能因为是皮质的，所以变色了……”话还没说完，售货员就用很强硬的口吻打断他，说：“这么穿太糟蹋鞋了。您今后得更爱惜一点。”

我猜这位售货员一定很喜欢鞋子，建议顾客爱惜鞋子也是为了顾客着想。这样的考虑我们当然可以理解。但从结果上说，他的回答让顾客心里很不好受。其实那位顾客不过是想给自己买新鞋找个理由而已。没想到冷不丁地被售货员抛来那么一句带有批评性的建议，于是完全失去了购买的欲望。

可见，绝不要对顾客说出口的话进行批评，首先应该试着理解接受。而且，如果把自己的想法强加给顾客，或者否定顾客的想法，也会导致类似的失败。比如下面的事例就是如此。

某位顾客买了某家公司的车后大概使用了 7 年，他觉得差不多该换辆新车了，于是前往另一家汽车公司进行咨询。“我之前开××公司的车都开了 7 年了……”顾客话还没说完，销售员就迫不及待地接过话来：“哎呀，您怎么开那家公司的车啊”，话里带着讽刺的语气。然后他又接二连三地问顾客：“××部分没坏吧”、“××部分还好使吧”等。跟销售员这么一聊，这位顾客就决定绝对不从他那里买车了。

一般来说，顾客觉得好的东西或认可的想法我们绝不应该去否定。只要设身处地地想想，这个道理其实很容易明白。如果自己一直觉得用着不错的东西被别人挑毛病，心里肯定不好受。顾客好不容易下决心要以旧换新，如果我们说些否定性的话或者把自己的想法强加给顾客，就会把顾客与我们之间的距离越拉越远。

刚才介绍了几个反面事例，下面让我们来看一个成功的事例。

这个事例发生在某个皮包柜台。有位年近 40 岁的男顾客走进店里来，在店内逛了一会儿后向售货员问道：“不好意思，现在我正在出差，公文包突然坏了，我想买个最不容易坏的包。”

听到顾客的话后，售货员就想“总之要先找出最结实的包来”。于是她从自己想到的几件商品中，选了一个最不容易坏的包。但这个包竟然标价 35 万日元。

出人意料的是，顾客在问过“这就是最结实的吗”之后，就决定：“那我就要这个了。”在马上完成支付后，顾客又说：“太好了。时间这么紧的情况下，你们马上就给我找出了最结实的商品，实在是帮了我的大忙。”

一问才知道，这位顾客自己开公司，效益还相当不错。他说自己在工作的时候公文包突然坏了，正不知道怎么是好。因为工作忙，没时间仔细挑选，所以大前提是一定要买一个“不容易坏的公文包”。售货员牢牢地抓住了这个关键词，所以在非常短的时间里卖出了一件昂贵的商品。

由此我们可以看到，顾客的提问背后包含着各种各样的背景和情绪。发掘到这些信息将大大改变顾客的满意程度。而且，无论顾客说什么，我们都不应该去否定或批评，而是应该对其理解接受，并以积极向上的话语回答顾客。这一点非常重要，因为它可以创造出最大的机遇。

这一招让我们的顾客更满意

15

不要放过顾客三言两语中隐藏着的巨大机遇。

做好随声附和，顾客跑不了。

凡是懂得如何接待顾客的人，都擅长倾听他人的声音。而绝大多数服务技术高超的售货员，都擅长多种不同的附和方式。正因为如此，顾客在聊天的时候会在不知不觉中开开心心地打开话匣子。

相反，不擅长聆听的人，要么会打断顾客的话，要么只会用一种腔调附和顾客。因此，这样的人在顾客说话时抓不住节奏，使人总感觉他们有欠缺。

如果顾客在交谈时不怎么积极主动，我们就要反思自己的附和方式是不是太过单调了。因为单调的附和方式会让人觉得你没有把心放在对话上面。

有这样一个事例：一位顾客，刚买的电脑才用了 1 个星期就出故障了，于是来到了购买电脑的店里。因为刚买没多久就出了故障，所以顾客的情绪从一开始排队等候时就不太好。当轮到了这位顾客，他开始详细描述自己电脑的故障时，问题发生了——这位顾客突然间大声嚷道：

“喂！我说你有没有听我讲话!”

其实顾客发火也不是没有原因的。因为负责接待的服务员在听顾客讲述问题的过程中，一直只重复着“哦、哦”一句话。由于服务员的回话过于单调，所以这位顾客的不满情绪逐步升级。虽然服务员并不是有意而为之的，但是他的附和方式引发了顾客的反感。

所以说，如果在听人讲话时只用单调的方式回话，会让人觉得你的工作热情不高。不仅如此，如果只重复同样的回话，不免会让人觉得你没有在认真听人讲话。

在上面这个事例中，哪怕服务员在回话时分别使用几种不同的方式，比如“哎呀，是吗”、“是啊”、“原来如此”、“真是太抱歉了”等，也会改变顾客的印象。也就是说，同样是接待顾客，只在附和方式上做出一点改变，也会使整个服务印象发生变化。笔者尤其认为，我们本来工作兢兢业业，仅仅因为在附和方式上招致了顾客的不满，是非常不值得的。

相反，有不少事例是因为服务员懂得倾听顾客的声音而大获成功。下面这个事例发生在某家珠宝店。有一天，一位男顾客来到了这家店，他一边挑选着商品，一边海阔天空地聊着自己的各种经历。

虽然顾客挑了很长时间，但负责接待的售货员脸上没有露出丝毫的不悦之情，自始至终都在认真听顾客讲话。而且这位售货员时而用力点头，时而高声附和“原来如此”、“这样子啊”。当聊到起劲儿时，她还用强而有力的口吻回应顾客，说：“原来是这么一回事儿啊。”当顾客说道“××真厉害啊！”的时候，这位售货员也跟着说“××这么厉害啊”，非常巧妙地重复了顾客刚刚用过的字眼儿。

在两个小时时间里一直聊个不停的顾客心情大好，说：“不知道怎么的，话匣子一打开就收不住了。”接着又说：“那你把这个和那个都给我打包吧。”原来他竟然一下子购买了每件价值100万日元的两件宝石。

这位顾客自己经营一家公司，买东西的时候似乎不在乎价格，是凭着自己当时的心情进行选购。而售货员恰到好处的随声附和唤起了那位顾客开心的情绪。售货员并不是机械地一味点头称是，而是自始至终都营造出了一种自然的聊天氛围，这更进一步提高了顾客的满意度。

恰到好处的随声附和并不难，只要我们稍用心，马上就能加以实践。虽然说想学会多种自然的回话方式需要一定程度的积累，但一旦掌握了，就能非常顺畅地把对话进行下去。

如果我们身边有人愿意帮忙，可以请他们检查我们的回话方式是否不自然或者过于单调。另外，如果拿录像机把自己回话的场景录下来加以研究的话，我们还能站在旁观者的角度观察自己。

学会多种不同的附和方式，将改变顾客对你的印象和评价。考虑到这一点，我们也要重视随声附和的方式。面对顾客说的话，首先做出发自内心的回应是最基本的，然后如果能根据不同场合的对话做出最适宜的附和，将进一步给顾客留下好印象。

为了紧紧抓住顾客的心，我们应该更深入地去思考随声附和的方式。相信随着我们回话技巧的进步，顾客也会更加敞开心扉地与我们交谈。

这一招让我们的顾客更满意

16

通过各种不同的附和方式打开顾客的话匣子。

你的话真说到我的心坎里去了！

做与不做之间的小小差异，有时甚至可以很大地影响服务品质的高低。这种差异在把商品递交给顾客时也体现得淋漓尽致。这里笔者具体所说的，是不加任何思考地就把商品交给顾客，和在递交的时候多加上一句话之间的差异。

有些售货员认为，只要顾客买了自己的商品，服务就不用再继续下去了。这样的售货员在顾客说“我要这件”的一瞬间还是笑脸相迎，紧接着就换上了一副冷漠的表情。售货员如果是这样的态度的话，就算有顾客来你的店铺，也是因为他们有需要买的商品，而不是冲着你的人格魅力而光顾的。反过来说，在把商品递交给顾客时，递交方式的不同也有可能 180 度地改变顾客的印象。

递交商品的方式也分很多种。根据商品和店铺种类的不同，有时会在收银台前递交，有时会把顾客送到店门口后再递交。但所有场合都有一个共同的场面，即在最后把商品递到顾客手上时。这个时候，我们应该再多说一句话，向顾客传达我们的感激之情。比如我们可以轻快地说一句“欢迎下次再来哦”；如果对方是第一次光顾的顾客，双方没有进行过太多交谈时，哪怕微笑着真诚地说一句“谢谢光临”也很不错。因为只随口表示感谢，体现不出与日常生活中的交流有什么区别，所以我们一定要“微笑着”并“真诚地”表达谢意。笔者认为这是非常容易做到的。不过是在递交商品时再多说一句。

不过，当笔者讲到这个问题的时候，总会被问道：“本田先生，在我们公司可遇不到什么场合对顾客说这句话。”确实，有极个别特殊的场合，很难跟顾客搭上话，不过在仔细询问过客户后，笔者发现绝大多数情况下，只要稍加变通也能加以实践。

比如在书店，应该如何加以实践呢？假设你是书店的一名店员，顾客在收银台购入了好几本书。这个时候我们能做到的只是说一声“谢谢”吗？如果顾客买了好几本书的话，笔者觉得至少可以再说一句：“这些书有点沉，您拿的时候请多注意。”

在某家杂货店，有位顾客两只手捧着一大堆商品来到收银台前。她买这些东西是想送人的。收银员像往常一样把商品都放进袋子里包装好之后，一边说着“谢谢光临”，一边把商品交到顾客手里。

这种场合下，我们可以再加上一句：“今天您是开车来的吗？如果不是开车来的，我们有送货上门服务，您看呢？”如果店里人手够用的话，我们还可以说“那我帮您送到停车场吧”，然后帮顾客搬运商品。其实在销售大型家具或家电产品的商店，售货员们就是这么做的。即便我们不是做这一行的，也应该把这些点子吸收过来。

除此之外，最近经常能在各种商店见到这样的服务：下雨天的时候，售货员会把商品装进纸袋后再在外面套一层塑料纸。作为商店来讲这样的做法是非常可贵的，只可惜不少售货员在做这件事的时候一声不吭，在套完塑料纸之后只说一句“谢谢光临”，不免让人觉得美中不足。

很有趣的是，在套塑料纸的同时只要说一句“（下雨了，）给您套一层塑料纸”，也会大大改变顾客的印象。也就是说，在提供相同服务的情况下，口头上是否有所表示将大大影响顾客的感激程度。

服务行业虽然不像零售业，有把商品递交给顾客的机会，但同样可以对本小节的内容进行实践。比如在最后结账时说的话将成为给顾客留下回忆的重要触媒。虽说不是把商品递交给顾客，但是双方之间还有一个金钱结算的接触，我们可以利用这个场面再多说一句话。

比如，如果我们的服务是在顾客上班之前提供的，那么可以说：“祝您一天工作顺利。”有一次笔者入住一家商务酒店，在退房后服务员对我说：“外面在下雨，请您路上小心。”这种场合下，说与不说“外面在下雨”这句话会给顾客留下完全不同的印象。

我们可以看到，无论是销售商品还是提供服务，多说一句话都是非常有意义的。我们没必要特意说些郑重其事的话。相反，就是说些无关紧要的话都没有关系。因为对于顾客而言，越是看似微不足道的只言片语越能说到他们的心坎里去。

这一招让我们的顾客更满意

17

备好一句话，打动顾客心。

第3章 拓展知识、增强『提案能力』，让顾客大吃一惊

有你这样的店员，我什么都放心！

在日本，每逢 4、5 月，刚进公司的新员工去店铺实习体验的机会就会增多。通过在店铺接受培训和实际服务顾客，这些新手们开始逐渐熟悉现场的工作。一般情况下，新员工的胸前会挂着“实习生”的名牌，很容易辨认。不过即使没有名牌，我们也差不多能感觉出谁是新员工。

因为职业的关系，笔者接触过大量新上岗的员工。在观察他们的过程中，笔者发现了一个特点：还没习惯现场的员工所欠缺的，是组织“故事笔记”的能力。也就是说，他们因为没有太多的实践经验，所以对于所要提供服务的“故事笔记”还不成型。

这里所说的“故事笔记”，是指顾客从走进店门到走出店门的过程中店员提供服务的一整套流程。对于还不熟悉现场的新员工，由于尚未掌握好这套“故事笔记”，所以会影响到顾客的心情，让顾客觉得心里不踏实。

所以反过来说，越是优秀的员工越具备一套完整成型的模式，他们可以把从顾客进店到离店之间的接待方法整理得像数据库一般条理清晰。

也就是说，哪怕你是新员工，只要有一套成型的模式，就能提供更高一级的服务。如果编写出了属于自己的待客“故事笔记”，顾客会觉得“这个人经验老道”或者“这个人值得我信任”。

所以，笔者建议每个人都应创作一份属于自己的“故事笔记”。如何创作笔记呢？我们首先要建立自己的工作流程。最开始的时候，可以只选一个流程来编写。

对照顾客的行动和我们自己的行动，把自己需要做的工作总结到笔记中。最开始的时候可以想到什么就写什么。总之首先要写成一篇“故事笔记”，然后通过每天对其进行修改不断提高笔记的完成度。在日常的培训和实践中思考自己需要做什么、在什么时机下跟顾客交谈，把这些内容详细地补充到接待顾客的流程中。

有了这样一份“故事笔记”，我们肯定能比别人更快地建立自己特有的接待风格。不仅如此，随着笔记每天的不断更新，相信我们自身每天也会不断进步。如果不去记

“故事笔记”而只是一味地等着自己慢慢变熟练，那么 1 个月前做的事或者 6 个月前获得的感想都会逐渐被忘干净。

刚在某个家电销售连锁店上班不久的小 A，就是通过记录“故事笔记”成长起来的。在记录笔记前，她因为缺乏经验和知识，所以没有建立起自己的待客流程。她在与顾客接触时缺少一个整体的流程，比如不知道接下来该做什么，或者接下来该把顾客引导到哪一步。

那个时候，她开始学着记录“故事笔记”，把顾客的言谈举止写在本子左边，把自己需要做的相应事项写在右边。通过这样的方式，她逐渐创作出了一篇接近理想的“故事笔记”。

小 A 把每天在接待顾客中的所思所想都连续不断地补充到了笔记中。她甚至还把万一从故事“跑题”，应该如何回到故事里的方法都记了下来。3 个月后，小 A 的笔记已经达到了相当细致周密的程度，内容之充实甚至让在岗的老员工们都惊叹不已。

当然，光是在纸上记录“故事笔记”是不会有效果的。“故事笔记”的作用在于强有力地辅助实际的接待工作，所以一定要反复将其付诸实践。由于小 A 每天都对自己记录在“故事笔记”中的事项进行实践，并不断地进行修改与补充，所以即使不去死记硬背“故事笔记”的内容，也能自然而然地实施。而顾客们有什么疑问，只要找她都能顺利解决，所以久而久之，什么事情都能放心地交给她处理。

小 A 记录“故事笔记”的成果还清楚地体现在了个人销售业绩上。刚进公司半年时间，小 A 就位居销售业绩榜首。刚进公司的时候小 A 还跟其他新员工同一水平，经过短短半年时间就跟他们拉开了这么大的差距，笔者相信这都要归功于她在自己的大脑里确立了一套“成型的流程”。

我们不需要创建太多的“故事笔记”，一份足矣。更关键的是要“每天都补充更新”。越是把这个模式落实得扎实，它就越能发挥巨大的效果。特别是对于刚上岗的新手来说，笔者特别推荐这个方法。

记录笔记没有任何难度。只需准备一本笔记本，在上面创作属于自己的“故事笔记”。我们可以在脑海中想象着顾客进店和离店时的样子，然后思考自己在这个过程中能做些什么，既可以是对顾客说的话，也可以是应该采取的行动。我们不妨把自己觉得理想的言谈举止无一遗漏地全部写到笔记里，创作出一份属于自己的最完美的“待客故事”来！

这一招让我们的顾客更满意

18

记录一本“故事笔记”，确立自己的待客模式。

连这事儿你都记得呐！

我们常说，实践是最好的学习。现场的学习比通过培训所体验到的更具威力。不仅如此，很多事情只有亲临现场才能注意到。有些人在现场发现了很难被注意到的细节，这一点很难能可贵，但很可惜的是，不少人转眼就把自己的发现抛到了脑后。

这里需要提醒读者朋友们：要想把日常体会到的小心地牢记在大脑里，一定要勤做笔记。做笔记的重点是先在极短的时间里把关键词写下来，哪怕是杂乱无章的也没关系。如果在顾客身边不方便记录的话，可以在收银台附近迅速地做记录。

为什么要强调做笔记的重要性？这是因为我们在工作岗位上面对每天发生的各种事态，会有各种发现和心得，但过不了半天就会把它们忘记。所以我们应该在现场随时携带一个小本子，有新的所感所想就马上记下来。

假设 1 个小时记录 1 项，那么 7 个小时就能积累 7 个新发现。30 天之后，单是做笔记就能积累多达 210 个发现或心得。所以很显然地，坚持做笔记的人和没有任何行动的人之间将产生天壤之别。

做现场笔记还有一点好处：可以培养我们对现场正在发生的事态的感知能力。也就是说，通过随时记录自己的发现与心得，可以让我们对现场的变化或顾客的言谈举动做出更加敏锐的反应。

本子上记些什么，这是每个人的自由。只要是你的所感所想，就如实地记录下来。要写成有一定水平的句子太花时间，所以完全可以先潦草地写下来。然后在空闲时候，再把草草写下的关键词整理成像样的文字篇章。

下面我们看这样一个事例，故事的主人公是某家美容院的美发师。一般来说，美发师们要跟大量的顾客接触，即使能大概记住顾客的样子，也很难把上一次跟顾客聊天的内容都记得一清二楚。美发师跟顾客聊天时，他们看似是记得每一位曾经来访的顾客，可听说实际上大部分人也不过就是知道顾客之前来过而已。

事例中登场的美发师，采用了记录现场笔记的方法。通过这样一个笔记本，这位美发师记录下了与顾客之间各种点点滴滴的交谈。这位美发师，趁着助手给顾客洗头时，或者顾客在收银台结账时，抓紧时间做些简单的笔记。笔记的内容包括跟顾客聊天的大致内容、顾客发质状态以及美发所花的时间等。

3个月后，这位美发师说，不仅在顾客再次光临时他能迅速回忆起上次的经过，而且还积累了自己独特的心得体会，服务水平提高了一个档次。具体来说，因为每次都会记录下美发所花的时间，所以他注意到自己在每位顾客身上花费的时间过长。这份笔记促使他思索如何削减不必要的时间。

在经过改进后，虽然每位顾客的美发时间缩短了，但是点名让这位美发师当自己的发型师的顾客却增加了。而且，因为他记得每一次都跟顾客聊了什么内容，所以顾客对他的好感度也大大提升了。

由此可以看出，在现场勤做笔记可以提高自我改进的能力。这也是做现场笔记的一大好处。

那么，读者朋友们可能会问：应该选择什么样的笔记本？只要是轻巧方便的，都可以用来做记录。不但可以选择手掌大小的本子，甚至可以把A4纸折叠起来使用。重要的不在于用什么记录，而在于记录什么、以何种方式记录。毕竟当我们身边有顾客时，是不能为做笔记而花费太多时间的。

下面讲到的也是笔者实际遇到过的一个事例。当笔者在培训时讲到可以用任何方式进行记录时，有一位员工提出用手机的记事本功能进行记录。但是，我们不应该当着顾客的面摆弄手机。做笔记的时候，一定要做出自己是在核对工作所需的文件的样子。如果所在岗位无论如何也找不出做笔记的机会，那么还可以利用去卫生间或休息的时候把需要记录的内容写下来。

此外需要注意一点，如果一次性记录得太多，容易出现重点模糊的问题。归根结底，要以用关键词记录“心得发现”为主，如有余力，再补充其他方面的信息。

而且要注意，不能写完就置之不理。每隔一段时间对记录的内容进行总结或反思，会进一步提高做笔记的效果。

这一招让我们的顾客更满意

19

勤做笔记，积累日常工作中的体会与发现。

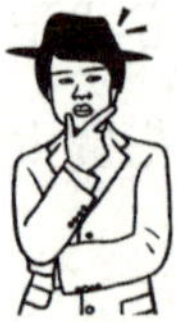

真厉害！连这你都查到啦？

笔者遇见过的各种服务行家们，大多数人都有一本“私家笔记”。所谓私家笔记，是指详尽地记载了自己所售商品的各种信息的笔记本。私家笔记的大小因人而异，但每个人的笔记本从第一页到最后一页，都详细地写满了相关商品的各种信息。而且，笔记中总结的信息并非来自公司发布的官方信息，而是通过自己调查或询问别人得来的。每当看到这样的私家笔记，笔者不禁佩服其完成度之高。

笔者个人把这样的笔记本称为“商品小知识笔记”。记录这样的笔记有三大好处。第一点，也是上文提到的，只要拿给别人一看，都会让对方赞叹不已。也就是说，通过让对方吃惊，达到吸引其关注的目的。

第二点好处在于可以增加顾客对我们的信赖。顾客会觉得“他都记录了这么多详细的资料，听这个人的建议肯定不会有错”。也就是说，小小一本笔记可以换来顾客对我们的信任和信赖。

第三点好处在于，把笔记内容展示给顾客，可以使其增加对商品的理解。也就是说，这本笔记直接就成为了商品提案的工具。

下面为大家介绍一个具体事例。某位工作在珠宝店的销售业绩最好的女售货员，其成功秘诀就在这本“商品小知识笔记”上。最开始的时候她是通过公司发布的信息等积累各种知识的，但因为没有太多她想知道的信息，她发现只靠公司的信息是根本不够的。

于是，她开始学着自己对商品展开调查，同时一步步建立起了一部属于自己的类似“商品大全集”一样的册子。她买了一本 A4 大小的讲义笔记本，用三色圆珠笔把商品的名称、名字来历、特点、原产国、商品资料等资料，以顾客也能立刻看懂的方式总结在了本子上。

当顾客对几样商品表示出兴趣时，她把商品展示给顾客的同时，通过小知识笔记把详细信息也介绍给顾客。据说，采用了这样的方式后，销售额比只用口头说明时增长了约两倍。相信顾客在看过她的笔记本后一定觉得特别放心，认为她都调查到这个地步了，买她建议的商品肯定不会有错。而且，顾客在看到她亲手剪贴的信息后，肯定也萌发出了对商品的新的兴趣。

只要是涉及所售商品的信息，任何事项都可以记录在这本“商品小知识笔记”上。既可以是商品原料的信息，也可以是商品的食用方法或实用小窍门。这本笔记的目的在于使顾客加深对该商品的理解，更进一步地激发顾客对商品的兴趣。此外，笔者认为这本笔记还可以做成辞典的形式，以便随时查出需要的信息。

有的人在笔记本上记录商品信息的同时，还在旁边画上了商品的简笔画，让人对商品的形象一目了然。做到这一点着实让笔者由衷地佩服。添加图片或照片使笔记本变得独特，让人百看不厌。在这方面，如何规划组织笔记内容完全可以自己自由发挥，没必要设定任何限制。

另一方面，笔者也看到极个别人仅仅满足于制作“商品小知识笔记”，并没有将其有效利用到服务中去。比如有人做笔记做得太过讲究，结果笔记完全成了一本工作指南书。

既然是“商品小知识笔记”，那么还是一定要融入“能马上应用的小知识”这一要素。还有的人，笔记本是做了，但从没有做过回顾，所以他记录的信息最终都陈旧得派不上用场。

为了避免上述问题的发生，最为理想的“商品小知识笔记本”应该是易看、易懂、便于检索的。而且，如果所记录的内容能让顾客看后为之一惊，我们就可以说这本笔记已经初获成功了。

制作这个笔记本时如果想一气呵成未免负担过重，笔者认为可以每天一点一点地对信息进行补充。不是刚开始就以完美为目标，以轻松的心情一笔笔写下去才是顺利进行下去的诀窍。

我们所从事的工作无论是销售商品还是提供某种服务，形式多样但万变不离其宗。所以制作这个笔记本要以“积累对工作有用的小知识”为大原则，进而通过这个笔记本为我们拓宽各种可能性。

这一招让我们的顾客更满意

20

制作一本自己专属的“商品小知识笔记”。

还介绍给我这种窍门，在你们家买真值了！

我们在为顾客服务时有没有过这样的感想：为什么跟其他同事提供服务的方式都一样，却得不到顾客的好评？为什么总是别的员工受到顾客的表扬？

这里涉及很多原因，不能一概而论，不过有些时候，能不能让顾客感受到小小的喜悦也是拉开服务质量差距的一个因素。更具体地说就是：要给顾客讲一些关于商品的小窍门和内情。

当然，大多数时候服务质量的差距是体现在笑容或者说话方式等表达方面上的，而本小节提到的“介绍商品的小窍门”既是一个要点，也是一个盲点，很容易被人忽略。

说到“窍门”，我们往往会觉得必须对某些事物精通、具备丰富的专业知识，其实简单的小窍门比比皆是。比如服装搭配的窍门、在家简单烹饪的窍门、分辨海鲜是否新鲜的窍门等。还可以介绍一些小建议或者商品背后的小故事。

我们在向顾客介绍小窍门时，不能要求顾客必须怎么做，应该始终保持一种“您不妨试试这种方法”的态度。听了我们的介绍，顾客会认为：“这个售货员还挺懂行的”，或者“真值了”、“真有趣儿”等。同时，顾客对我们的印象也会有所提升。

假设在餐厅，有一道菜在吃的时候，习惯上是滴几滴酱油。这时候我们可以建议顾客：“在菜上滴 2、3 滴柠檬汁，会特别好吃。您不妨试一下。”

于是顾客就会很有兴致，感兴趣的人还会继续提问：“为什么加了柠檬汁会更好吃呢？”如果顾客提出问题，可以向其详细说明原因，或者顺便介绍一些其他有趣的知识或小建议，进一步增加双方的交流。

要想向顾客介绍这些小窍门，平时就要注意多积累各种谈资。多读书籍、杂志可以收集到相关的信息。除此之外，我们还可以对商品反复使用尝试，自行总结各种商品的使用窍门。

因为只说些大家都知道的窍门是不会激发顾客兴趣的，所以我们提供的信息一定要让顾客觉得“不去他们家的店，我在哪里都听不到”。如果我们头脑里有那么几条独家窍门，一定会吸引顾客的兴趣。

这里需要提醒大家注意的是，绝对不能向顾客提供自以为是的建议。介绍给顾客的窍门应该是顺应潮流、为大多数人所接受的。如果我们介绍给顾客的信息只是极少数发烧友喜欢的，或者我们所教的方法会减少顾客的选择机会，反而会让顾客疏远我们。

比如在建议顾客怎么品尝菜肴时如果说“您那么吃可不好，应该撒上胡椒吃”，就显得太过强加于人。这样不会激发顾客的兴致，相反，顾客会产生负面情绪，心想“这个店员怎么这么强势”、“真是让人扫兴”。

最受顾客欢迎的窍门，其实就是能让顾客对商品或服务产生新发现、新认识的信息。如果告诉顾客的信息是他们没听说过的、觉得有意思的或者能感到实惠的，定会讨得顾客的欢心。

比如，笔者曾经目睹过这样一个事例。在某家家具店，有一款价格较为昂贵的精品家具。见某位顾客对该家具的设计很感兴趣，卖场的售货员就告诉顾客：“其实这款家具，××名人也买了呢。而且在国外，××影星也特别喜欢我们家的商品。”听了这一番介绍，顾客也显得很惊讶。

接着，售货员又结合商品特点，进一步解释了名人们为什么特别喜欢这款家具。而当售货员说到“其实这款家具是由××知名设计家设计的，他还设计过××，这您都知道吧”时，顾客越发显得兴致勃勃起来。

由此可以看出，只要稍微多介绍一些商品相关的信息，就能唤起大多数顾客对商品的关注。销售业绩自然得到了提高，商品相关的小小话题竟能带来这么大的成果，笔者也着实吃了一惊。

这一招让我们的顾客更满意

21

用一些小窍门或者有意思的小消息吸引顾客的兴趣。

常去他们店，都快成万事通啦！

某家日本公司，旗下经营的零售店专卖各种家居杂货和餐具。有一天该公司总部负责人联系笔者的公司，说他们在东北地区开设的一些店铺业绩不理想，想寻求解决办法。笔者的公司欣然接受了该公司的请求。研究过该公司今年与去年的销售业绩之比和利润率等资料后发现，东北地区的业绩确实一直十分低迷。

该公司几位负责人得出这样一个结论：是日本东北地区这一地域条件造成了这样不如意的结果。从整体上来看确实存在这一倾向。但通过仔细观察，发现个别店铺根本没有受到地域条件的影响，业绩非常突出。于是笔者把注意力集中在了这些店铺上。

其他店铺没有活力，为什么唯独这家店能一直保持良好的业绩呢？笔者觉得解决问题的关键或许就隐藏在这里。

于是，笔者走访了该公司位于东北地区的几十家店铺，作为一名顾客实际体验了各家分店提供的服务。结果，笔者明显感受到了各家店铺提供的服务的差异。

在大多数店铺里，基本上顾客问一句服务员答一句。但唯独有这么一家店铺，售货员的知识、与顾客的对话量远远超过了其他店铺。因为都是直销店，所以店内的摆设、商品种类和价格都是一样的，唯一不同的就是售货员们跟顾客的对话数量。

比如顾客拿着某件商品问售货员“这是什么材料做的”，在别的店铺，服务员只会说一句“这是××做的”。但在这家店，话题并不会就此结束。售货员会告诉顾客，这款商品的材料非常稀有、价值极高，甚至有时还会告诉顾客××名人也爱用此商品。

而且，售货员们针对同样一个问题，并不会用唯一的回答方式，而会从三个方面找到把话题展开的突破口。因此，顾客在与售货员聊天的过程中还获得了各方面的信息，购物过程变得十分愉快。不仅如此，能从不同的角度展开对话，话题也不会间断。

在走访过全部店铺后，笔者对各个审核项目进行了比较。比较后发现唯独这家业绩良好的店铺在与顾客的对话量、商品知识水平上出类拔萃，而且把这家店铺的销售业绩跟其他所有地区的店铺放在一起比较也是名列前茅的。考虑到这一点，笔者不得不认为与顾客交流时的丰富谈资为销售额做了很大贡献。

事后在跟该家店铺的店长交谈时，店长告诉笔者，该店在增加售货员谈资方面下了很大功夫。

“顾客向我们提出问题，说明他们是对商品感兴趣的。所以我觉得，如果不能当场做出回答，或者态度不温不火，都有可能让顾客没了兴趣。”

店长又继续说道：

“其实刚开始的时候，我们的售货员们面对顾客提出的各种问题，也曾一点都答不出来。我们在员工会议上多次讨论了这个问题，后来我们规定售货员每天要至少积累一条新知识。在早会或员工会议时，大家还能共享这些知识。”

也就是说，在这家店里，所有员工都有意识地积累着自己的知识。而通过这些积累，当顾客再有问题时就能当场做出回答。店长还补充说，与顾客交流时的谈资从一条增加到两条，再从两条增加到三条，售货员自身也能真切地体会到其带来的效果。

所以说，如果把交流时的谈资扩大到原有的3倍，就能从各种不同的角度与顾客交谈。假设顾客对其中一条话题不感兴趣，我们还能从别的角度展开交流。相反如果只有一个话题的话，聊天可能马上就中断了。

通过这家店铺的事例，笔者总结出销售业绩不理想的原因绝不仅是地域条件不好。于是，笔者建议该公司将这家店作为模范店，把该店铺采用的好办法逐步推广到东北地区的其他店铺。公司在采纳这一建议后渐渐有了成效，在总公司一直抱怨没有活力的东北地区，有3家店铺挤进了全国各分店销售业绩排行榜的前10名。而且整个东北地区，也回到了全国平均水平。

增加谈资可以使我们在跟顾客进行交流时更加顺畅。还能加深顾客对我们的信任，自然而然地创造出满意的结果。

这一招让我们的顾客更满意

22

把与顾客交流时的谈资扩大到原来的3倍。

你不会以为我这么容易“上钩”吧？

因为工作的关系，笔者走访全日本各行各业、各式各样的商店的机会应该比其他任何人都要多。“服务体验师”做得越职业，委托公司就越会提出“由一位职业服务体验师走遍公司位于全国的店铺”的要求。也就是说，委托公司想让同一个人用同一种眼光对其旗下所有的店铺进行评估。

近几年，由于笔者在公司经营方面的工作繁忙，所以实际走访店铺的调查工作显著减少，但笔者曾经也是数年如一日地游走于全国各种店铺之间。久而久之，笔者能当即判断出店铺员工接待顾客的水平。

比如，笔者曾走访过一家分店遍布全日本的男士服装店。那家公司每个月都制定一个主题，根据这个主题在销售上投入精力。笔者进行调查时，正值该公司以“服饰搭配销售”为主题的月份。所以在走访前，笔者就预想到售货员们肯定会把更多的精力用在向顾客推荐穿衣搭配上。

在走访过该公司遍布全日本的各家店铺后，笔者发现售货员们的销售方式大致分为以下三种类型：首先，有些售货员不论这个月的销售主题是什么，只向顾客介绍单件服饰。当笔者特意问“买这件衬衫，配什么裤子比较好”时，他们也只会回答一句“配什么都好”。顾客率先表示出对商品的兴趣原本是件好事，但却被他们浪费掉了，不禁让人觉得遗憾。

笔者想要重点介绍的是第二种和第三种销售方式。以下两种方式看上去相似，但带给顾客的影响却截然不同。首先，两种方式都做到了向顾客提供着装搭配的建议。但第二种销售方式过于强势，结果失去了顾客的信赖。

比如售货员一边说着“现在这一款很畅销”、“您穿这件真的特别好看”，一边把商品一件接一件地摆在顾客面前，劝顾客试穿。如果顾客没什么回应，他们竟会摆5套衣服出来。

顾客试穿后，他们会单方面地称赞道：“真合身”、“穿着真好看”。他们把心里想着的“这个顾客肯定会买”表现太过明显。而且他们提供的服装搭配建议也并不高级，与其说是想着顾客怎么穿合适，不如说只是想着总之先凑一套搭配出来。

第三种销售方式也做到了提供搭配建议给顾客，但与上文提到的类型有一点决定性的不同，那就是售货员的“销售适度”意识。即便公司本月的主题是大力推广服装搭配，他们也不会强势推销，而是以顾客着装合适为大前提为顾客提供建议。

当然，第三种售货员也会为顾客提供几种搭配方案，但他们会在跟顾客的交流中精简选项。从他们的销售方法上，不仅能看出他们态度从容，还能从中感到他们对专业知识的精通。因为他们不但对自己提供的建议充满自信，而且能提供让顾客喜爱的搭配建议。

这些售货员不会想着卖出去就好，有时甚至会建议顾客：“这件衣服您可以下次再试试。”对好的商品，他们会充满自信地建议顾客：“不过，这一件建议您今天买。理由是……”

看到这里，读者朋友们不妨猜一猜以上讲到的三种销售方式的销售业绩排名分别是怎样的呢？

如大家所预料到的，在分析这三种销售方式时，有“销售适度”意识的方式在销售业绩上远远超过其他两种。这是因为获得了顾客的信任，增加了回头客。

有趣的是，业绩排在第二位的，竟然是只向顾客推荐单件服饰的销售方式。我们可以想象，这种方式虽然在服装搭配提议上做得不够，但却满足了顾客的要求，所以也有一定数量的回头客。

最让人意外的是，那些雄心勃勃的售货员们并没有获得理想的效果。因为他们不考虑顾客的感受，“这个人应该会买，我要推销给他”的单方面的想法被顾客们所察觉，于是渐渐地失去了这些顾客。或许会有些心理不够强大的顾客，经不住百般推销而直接买下商品，但我相信他们绝不会再度光顾。

从这个事例我们也可以看出，顾客基本上都可察觉出“你有多想把商品卖出去”。即使我们暂时把商品卖出去了，但事后顾客可能越想越觉得自己是被强迫购买的，而不会对我们产生半点感激之情。

所以我们必须注意，向顾客提议的商品必须是自己也认可的、有信心推荐的，同时还应该是能解决顾客难题或满足其需求的。我们应该认识到，同样是服饰搭配销售，竟也能产生如此之大的差距。

这一招让我们的顾客更满意

23

以“适度的销售”赢得顾客的信赖。

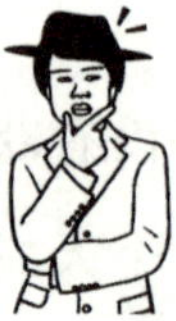

问你还不如我自己查电脑呢！

笔者曾到汽车经销公司做过服务体验师。带着货比三家的目的，笔者走访了数家经销商，跟数位销售员进行了交谈。刚开始跟销售员们聊天的时候，笔者觉得什么都很新鲜。但很快就摸索出了他们的销售模式，听到他们说到这句话，自然就能猜出他们下一句要说什么。但因为笔者的工作就是装成顾客进行调查，所以对于听了多次的信息还要装成是第一次知道，以此观察销售员们的反应。

在此类调查中，笔者首先要给自己“编”一个身份。比如想购入商品的价位在300万~350万日元之间，一家四口，两个孩子，一个读小学、一个读初中等。有意思的是，不管是不是笔者费劲心思准备好的“假”身份，有的销售员会认认真真地询问笔者，而有的销售员居然不闻不问。

大部分销售员在跟顾客聊天的过程中，会慢慢地缩小车款的选项范围。而当顾客对某款车表示出兴趣时，他们会拿出宣传单进行讲解，或者劝顾客试驾，或者提出优惠的条件等。

在这个过程中，有一项能体现出销售员之间整体实力的不同，那就是向顾客提案的能力。销售员要根据从顾客口中获得的信息制定估价单，而对提案环节没有意识的销售员会把一切都推给顾客。

比如，当顾客说“这款好”的时候，销售员会回答“这一款是××万日元”。而如果顾客要求“再便宜一点吧”的时候，他们则会说：“好的。如果您打算今天就买下来的话，我们可以给××的价格。”总之不管跟他们怎么说，他们最终都会把话题落到价格上。

以这样的方式售车，顾客就只能看到一个汽车价格。而这种销售员也沦为了价格调查器。既然如此，那跟事先在店铺里摆几台电脑，然后让顾客输入想要的车款和颜色，电脑自动显示出“如果您现在在该店签约买车，可以为您优惠31万日元”又有什么两样？而且电脑能在一瞬间计算出各种情况，比人工做同样的工作更方便。

相反，有的销售员会让顾客认识到新车的价值。他们会在询问顾客的过程中明确顾客现在想要什么样的车，然后根据这些信息向顾客推荐车型和升级选项。也就是说，他们会结合顾客的生活方式给顾客推荐最合适的车款，并以简洁明白的方式向顾客说明汽车的颜色、升级选项、保险、每月所需费用以及总价等信息。

而且他们会提供两到三套方案。然后分别介绍方案A、方案B、方案C的优缺点，并告诉顾客买哪款车能满足哪些需求。顾客在咨询之前可能仅凭印象认为哪款车不错，但在听到如此具体详细的提案后，就能够结合要连续使用数年的实际情况做出选择。

但需要注意的是，如果方案过多，会使顾客犹豫、引发不必要的混乱。所以我们应该把提案限制在3个以内。如果把提供的方案限制在3个以内，顾客会更容易采纳我们的建议。而有些已经想好了买什么车的顾客，在听到具体方案后，会更加诚恳地考虑花钱购买。当然这个道理并不仅适用于售车，化妆品、衣服、售楼，无论什么行业都适用。

如果我们随时都能提出3套方案，顾客对我们的信任也将大幅增加。因为只要我们能提供3套方案，顾客心里就会觉得踏实。而且，如果销售员只提供一种方案，有的顾客会揣测其背后是不是有强行推销的目的。尤其是越昂贵的产品，顾客越会慎重地思考、选择。

那么，我们怎样才能做到随时都拿得出3套方案呢？

想做到这一点，我们必须培养自己从不同角度看待商品的能力。以售车为例，要学会考虑顾客购买后将存在哪些优点和缺点。

比如对于一位 30 岁的单身男顾客，就要考虑到他可能会在不久的将来结婚。如果他在几年之内生育子女，就需要大一点的、小孩坐着也安全的车型。相反，如果考虑到将来的不确定因素，和大车型的高燃耗因素的话，就可以推荐普通车型。

如果把这些方案总结到 A4 大小的纸上拿给顾客，相信顾客也会很高兴。另外如果能展示汽车的照片，并清楚地写下购买时的优缺点，也能方便顾客进行比较。而且，站在顾客的立场上编写方案，更能让顾客沉下心来思考、选择。

所以说，向顾客提供 3 套方案，可以提高对顾客的说服力，让顾客更放心。我们一定要为顾客准备出 3 套方案，并且每一套都应该是自己有自信“拿得出手”的。

这一招让我们的顾客更满意

24

随时为顾客准备好 3 套方案。

你的提议这么棒，想让我不买都难！

在上一小节，笔者提到了提供“3套方案”的好处。但当我们的商品没有什么差异时，向顾客推荐我们最拿得出手的商品会让顾客更满意。

近几年，不少人喜欢通过网络的点评网收集商品信息，先决定好买哪款商品，再去实体店购买。另一方面，仍然有不少人还是喜欢先在店里对各种商品进行实际比较，经过考虑后才决定购买。面对这样的顾客，当他们犹豫的时候，如果我们能“一针见血”地把商品推荐给顾客的话，将大大增加顾客对我们的信任。

讲到这里，或许有的读者朋友会担心“顾客会不会觉得我们太强加于人了”。但是笔者要说，“一针见血”和“强加于人”是有巨大差异的。因为后者是站在“卖方”的立场上推荐商品，前者则是站在“买方”的立场上提供建议。

如果顾客感到售货员强加于人，那是因为售货员想拼命说服顾客。“这款商品在××功能上特别出色……”，售货员单方面地解释的这项功能未必就是顾客需要的。有的售货员甚至会放肆地说顾客的想法是错误的。

顾客信赖的售货员，是那些肯认真听取顾客的希望，并在此基础上费尽心思寻找符合要求的商品的人。这就是强加于人的售货员和为顾客所信赖的售货员之间的巨大差异。

要想获得顾客的信任，必须具备向顾客推荐一款真正好的商品的能力。要培养这种能力，必须时刻有高度的意识。因为你必须要清楚地向顾客解释，为什么唯独只推荐你要推荐的商品。

为了推荐这款商品，我们必须随时掌握哪件商品是“绝对值得推荐”的。要对商品本身有信心，认为它是最好的。而且必须充分考虑到顾客的需求，在向顾客提供方案时考虑到哪些方面是对顾客有利的。

笔者访问过的众多店铺里，就有几家因为擅长推荐“必选商品”，而受到顾客的青睐。其中一家店铺专门销售手表，在这家店铺里，每位售货员都在考虑哪一款商品最值得推荐。他们以各自的方式对新商品进行调查研究，然后选出一款整体上最好的商品。而且因为考虑到不同的顾客有不同的兴趣爱好，所以他们还会在不同种类里分别选出一款最好的商品。

当然，几位售货员可能会选出同一款商品。但这也不是问题，因为这充分说明这款商品值得推荐。售货员们本着行家的态度，用每个人独到的方式在经过多方考虑后挑选出最好的商品，所以在向顾客做推荐时，才能一针见血地说出："我觉得这款商品是目前所有商品里最优秀的。"不仅如此，他们还会解释推荐的理由，以此得到顾客的认同，最终把商品销售出去。

笔者所见到的另一个事例，是某家电连锁店采取的方法。特别是大型家电产品，不同的顾客会选择不同的价位，所以该连锁店在每个价位内都选出了最值得推荐的商品。

售货员会对顾客这么说："在这个价位上，我想为您推荐这款商品。为什么呢？这款商品在三点上优于其他商品。第一……"也就是说，他们在向顾客解释的时候，一定会告诉顾客这款商品在哪些方面是优秀的。听到售货员这样的解释，顾客也会觉得："他并不只是想把这款商品卖出去。这款商品可能真的物有所值。"

上述两个事例有一个共通点，那就是严格站在专家的角度上进行思考与比较，在此基础上选出“必买”的商品。也正因为如此，售货员们才有“一针见血”地推荐商品的自信。

购物的时候经常能见到这样的售货员——顾客左思右想不知道该买哪款好，于是问售货员到底该买哪个，但有些售货员拿不出明确的答案，只会说：“这还是得由您决定。”或者支支吾吾地说：“哎呀，这个嘛……”之后就沉默不语了。

想必这些人是出于不愿承担责任的心理，才回答得这么含糊。还有一个原因：他们对自己销售的产品或提供的服务没有热情，不愿认真思考。

我们有多了解一款商品、是经历了怎样一个过程才推荐给顾客的，这些顾客一眼就能看出来。而这一点最终也将体现为强行销售的人和有自信推荐的人之间的差距。

这一招让我们的顾客更满意

25

向顾客推荐自己精心挑选出的最棒的商品。

第4章 通过我们自身的进化提升服务品质

你的笑容怎么像是硬挤出来的？

众所周知，在服务行业，时刻面带微笑是非常重要的。也正因为如此，想必有不少从事服务行业的朋友特别苦恼于“可我偏偏不太会笑，这该怎么办”。能露出自然微笑的人，凭一张笑脸也能比别人更赢得顾客的支持。

一张笑脸可以飞跃式地提高他人对我们的印象，但笑脸可不是突然就能“挤”出来的。位于东京都中心某家酒店的员工们，就深刻地认识到了这一事实。随着周围一家家新酒店拔地而起，顾客不断向外流失。想长期获得顾客的信任，只能是努力提高服务品质。

在提高服务质量的各种方法中，该酒店认为最为重要的就是员工们的笑容。之所以得出这样的结论，是受到了网上顾客评价的影响。在某个点评酒店质量的网站上，不少网友评价这家宾馆“服务员都阴着脸，冷冰冰的”。

于是酒店的总负责人提出了“微笑迎宾”的口号，要求酒店全体员工都要面带微笑。但顾客们的评价却毫无改善。

不仅评价没有好转，打开评价网站一看，甚至出现了这样的评语："这家店自称是'微笑迎宾'，可我没感觉出来他们面带笑容。他们的笑容看上去好像是硬生生挤出来的。"

看到网友的评价，总负责人不由得悲观起来，他甚至觉得这家酒店的工作人员可能根本就没办法露出笑脸来。基于这样的现状，该酒店与周边区域的多家酒店相比，在服务方面的评价明显差了很多。

笔者接到这家酒店的服务质量改善委托后，首先告诉总负责人的是："笑容是练出来的。"确实，我们中的一些人无需特意练习也能露出十分迷人的笑容。不过这只是极少部分人。特别是在工作时，人们是很难露出从容的微笑的。大部分人从没有接受过微笑训练，突然被命令要面带微笑，也是很难做到的。

于是笔者本着"笑容是练出来的"这一大的思路，对该家酒店的工作人员们进行了彻底的培训，教他们如何微笑。实际练习起来，只要有 3 天时间，就能抓住微笑的要领。花 3 天时间对着镜子练习微笑，能找到各种窍门，知道自己怎么运用脸部肌肉才能让笑容更好看。

刚开始，当笔者要求大家对着镜子练习微笑的时候，所有员工都露出了不情愿的表情。尤其是工作了几十年的经验丰富的员工们显得迷惑不解，仿佛要说：“我都到这把年纪了，为什么还要逼着我去练习微笑。”此外，还有不少员工觉得微笑让人难为情。

大家起初都很难老老实实地练习。当看到旁边其他人开始做了，慢慢地自己也开始对着镜子练起了微笑。这一练习持续了几小时后，大家开始了解到一直面带微笑有多么困难。这时候员工们已经不在乎是不是难为情了，而是把注意力都放在了保持笑脸上。可能是要调动平时不怎么用到的面部肌肉，他们的面部神经似乎也会变得麻痹。

第一天基本上已经做到了一定程度，所以在第二天练习时，大家已经能非常顺畅地抓住微笑的要领。在第二天的后半段时间里，笔者把学员们分成几个小组，让大家开诚布公地对其他组员的微笑方式提意见。在这一阶段，大家要接受组员的评价，比如笑容是不是自以为是，或者笑容是否看着舒服自然。经过这样一个过程，所有人的笑容都获得了其他人的肯定与称赞。

在最后一天，笔者为大家设定的目标是笑容不能停留在“练出来”的阶段上，而要实实在在成为“自己身体的一部分”。“笑脸”一词包含了很多种类，既可以是微微一笑，也可以是放声大笑，在培训的最后一天，就是要让大家掌握各式各样的笑容。

通过这一练习，无论是谁都能做到面带微笑。所以人要做到面带微笑，并非通过被命令，而是通过这样实际的练习。

练习微笑可以在任何地方进行，在家里也可以练习。如果读者朋友觉得面露笑容是件难事，不妨对着镜子练习微笑。只要练习 3 天，一定会露出与以往不同的美好笑容。

不过笔者最后要补充强调一点：人确实可以通过练习学会怎样微笑，但这终究敌不过发自内心的笑容。所以我们可以首先试着“人工地”露出笑容，熟练了之后，就应该有意识地露出“自然”的笑容。因为虽然“人工”的微笑和“自然”的微笑从表面上看不出区别，但真正能打动顾客的，终归是发自内心的笑容。

这一招让我们的顾客更满意

26

对着镜子练习微笑 3 天。

我可不愿意从驼着背的店员那里买东西！

笔者在美国的大学读书时学的是管理学，所以也要学法律相关的课程。当时给我们教法律课的教授居然是一位在职的法官。

笔者虽然对法律没什么兴趣，但因为是在职法官授课，所以觉得非常新鲜。而且他每次都会讲一些书本上没有的小故事，非常有意思，因此笔者一次都没有缺过他的课。

这位教授讲的众多内容里，有一条笔者一直记得很清楚：在法庭上，你不仅要在理论上提出正当的主张，你的形象也非常重要。也就是说，你的表情、服装、打扮、语调、手势、佩戴的小饰物等，方方面面的因素所表现出的形象都有可能影响到审判的结果。

在这些因素中，有一项就是挺直腰板。说到这里，笔者不由得想起：在美国，特别是从事律师等职业的人，大多都穿着笔挺的西装，腰板也挺得特别直，这或许就是身为律师而焕发出的气质吧。想必他们深知给别人留下工作干练的印象有多么重要，所以才以这样的形象突出自己。

确实，一个人只要把腰板挺直，就会显得格外有自信。而且还会让别人觉得你特别能干。

后来，笔者从事了现在这行工作后，在各式各样的店铺都会观察店员们的腰板是不是挺得直。于是笔者发现，印象确实非常重要，姿势优雅的人更受顾客的欢迎。相反，姿势难看的服务员会因此带给顾客不好的印象，进而使顾客满意度低下。

如果一家店铺气氛混沌低沉，只要服务员们把腰板挺直，就能瞬间改变整个环境的氛围。就笔者的个人经验来说，只要全体员工在工作时把腰板挺直，整体印象就能提升30%。只要多做这么一点儿就能从很大程度上改变印象，但遗憾的是很多人在工作时从来不考虑自己的姿势。

说到在工作时要注意身姿，航空乘务员是一个非常好的例子。他们总是把腰板挺得笔直，给人一种非常专业的印象。而这其实就是在提供一种服务。

在某家男士服装店，笔者见过下面这样的事例。某个星期日的中午，一对夫妇来到这家商店购物。看到他们把各种商品拿在手上一一挑选，一位售货员很合时宜地凑了过来，问："今天是给先生买西装上衣吗？"但是那位太太看起来并不怎么热心，回答服务员时也很冷淡。于是，售货员也只好退后了几步。

过了一会儿，另一位售货员走过来跟夫妇搭话。结果那位太太马上开始讲述自己的各种期望。最后，夫妇二人在购买了很多东西后走出了店门。

其实是因为第一个上来搭话的售货员站姿不好，所以那位太太没有让他推荐衣服。没想到只是因为腰板没有挺直，竟给顾客留下了这么不好的印象！而第二位店员因为腰板挺得很直，所以那位太太觉得他值得信赖。

这些事情笔者是怎么知道的呢？原来在那次购物之后，夫妇二人成了这家店的回头客。当得知那个站姿不好的售货员已经辞职后，这位太太回忆起当时的场景，说道：

"身为向顾客提供服务的人，要是姿势不好看，顾客肯定会觉得他没有工作热情。不管他向你推荐什么衣服，你都会觉得穿着别扭。"

这话虽然说得刻薄，但道理无法不让人赞同。

把背挺直也是一个形象策略的问题。律师或者航空乘务员都是很好的例子，他们意识到别人在时刻关注着自己，所以从头到脚都树立起一个给人留下好感的形象。只要你把腰板挺直，就能把自己的形象提高 30%。虽然听上去简单，但不正是人们容易忽略的一个细节吗？

这一招让我们的顾客更满意

27

把腰板挺得笔直，提高自身的形象。

别老这么盯着我看行不行?

日本人在说话的时候不习惯看对方的眼睛，这已经是尽人皆知的事了。而在国外，看着对方的眼睛说话是信赖的表现，相反，不看对方的眼睛则是非常没有礼貌的。近几年，各种介绍礼仪的书上也写着“要看着对方的眼睛说话”，笔者也感到确实有不少商务人士在与人交往时遵守了这条礼节。

然而，以什么方式看对方的眼睛实际上更为重要。因为改变注视对方的方式，甚至会加强对方对我们的信任。

某家美发店，在进行剪发之前，发型师会跟每位顾客大约交谈5到10分钟时间，向顾客提供简单的咨询。在交谈中，发型师要先了解顾客有什么烦恼、想剪什么样的发型，然后才开始动剪刀。

在这家美发店工作的发型师小B一直对这种咨询方式很苦恼。因为在对顾客的调查问卷中，顾客纷纷反映他的咨询做得差。究竟差在哪里呢？有位顾客写道：“小B的技术让人很满意，但他提供咨询的方式让我觉得很不舒服。他每次都说护理头发很重要，然后强行卖护发素给我。我希望他能在接待顾客时多替顾客着想。”

读过这份调查问卷后，小 B 对自己提供咨询的方式失去了信心。他建议顾客购买商品是为了顾客好，但顾客竟然认为他是强行推销。顾客的批评无疑让小 B 更加意志消沉。

于是笔者旁听了一次小 B 的咨询。他是个很老实的人，针对顾客的护发问题都认认真真地提出建议。而且出于希望顾客变得更美的心愿，向她们推荐各种合适的商品。笔者在旁边，既没有听见咄咄逼人的话语，也没感觉他是在强行推销。

但笔者发现，他在对商品进行说明的时候，眼神非常不自然。他一直盯着顾客的眼睛去对某款商品做说明。因为他只盯着一点看，所以甚至会让人感觉他像是被什么东西“附了体”一样。虽然他说话的语气并不强硬，但就是会给人做强行推销的感觉。

所以笔者思考，或许是他注视人的方式出了问题。于是笔者向他建议，眼睛不要始终一动不动地盯着顾客看，应该 180 度“眺望”过去。这样人会显得更和气，并能给人一种包容一切的感觉。

接下来，笔者马上让小 B 开始了训练，在跟顾客接触时要想着“180 度的视线”。在倾听顾客时要注意“180 度”，在与顾客说话时也要注意“180 度”。“180 度”是指，当你直视前方时，能把左右两侧也纳入视野之中。180 度的眼神能够包容对方，大大加强对方对我们的信任感。

相反，如果只盯着一点看，会传达给对方非常强势的信息。所以，在销售等场合，必须注意只有到了需要“一锤定音”的时候才能盯着一点看。

在我提醒小 B 之前，他从没想过自己注视人时究竟是什么样子。所以对于看着对方的眼睛说话一事，他做的时候也从未多加考虑。结果他总是盯着一点看的注视方式，给顾客留下了“强硬”的不好印象。

过了 1 个月左右的时间，小 B 基本习惯了用“180 度的视线”。于是笔者再次旁听了他的咨询环节。这时他询问顾客以及发表意见的方式较之过去已经明显从容了许多。而且非常有意思的是，他说话的方式也带有包容对方的感觉，跟他被顾客批评时的形象判若两人。

后来，听说在调查问卷上批评小 B“强行推销”的顾客又来到了店里。并且在接受了他提供的咨询后感到非常满意，后来也一直定期来店美发。通过这件事，小 B 也重新找回了自信。

所以，当我们在与顾客交谈时，不能一直只盯着一点不动，而应该把视线放得更宽更广。这样能使人焕发一股温和的气息，更能赢得顾客的信赖。

这一招让我们的顾客更满意

28

与顾客交谈时不要只盯着一点，要把视野放宽到 180 度。

你跟我说话怎么这么生分啊？

在日本，每年一到四、五月份，书店里就摆满了教人如何使用敬语的书籍。想必这是因为刚刚迈入社会的年轻人想要巩固一下自己使用敬语的能力吧。这体现了年轻一代的上进心，是非常值得赞赏和鼓励的。

不过，问题也随之而来了。下功夫掌握的敬语在日常生活中几乎没有用武之地，所以我们缺少一个学以致用的场合。因此，一旦进入服务行业现场，由于过分拘泥于还没用习惯的敬语，导致自己平时的闪光点不能完全发挥。不少年轻人一心想着不要在措词上出错，结果反而丢掉了自己的特色。

当然，措词是非常重要的。在礼仪培训时也一定会有礼貌用语的训练，学员们会分各种不同的场合练习使用敬语。而且教授敬语的书籍里也常会举出不合规范的敬语例子，比如“收您 1000 日元”、“先找给您这 1000 日元”等。

事实上，不少人因为过度在意措词问题，结果迷失在了措词的“海洋”里。比如有的人因为说话态度过于恭敬，而导致顾客心情烦躁；还有的人因为不想在使用敬语上犯错，在接待顾客时处于全面的消极状态；或者有的人对任何身份的顾客都用同一种讲话方式。

按道理，不同的顾客光顾商店的频率不同，接待顾客的方式也应该相应地进行调整。对于经常光顾的顾客，肯定会自然而然地产生亲切感。但遗憾的是，有的服务员在这种时候也会迷失在礼貌用语的“海洋”里。

下面我们来看一个发生在某化妆品店的事例。有位顾客每个月都来店里买一次东西，但有位售货员跟她说话的语气跟接待第一次来商店的顾客没有任何分别。她脑子里过多地想着要恭恭敬敬地接待顾客，结果在语言使用上没有丝毫的“进化”。因此，顾客和这位售货员之间的心理距离怎么也拉不近，自然产生不了信任关系。

后来，这位售货员离职后，由另外一位售货员负责接待。刚一换人，那位顾客的购物金额就大幅度增长。这是因为新任售货员在接待顾客时非常亲切，顾客也更容易咨询提问。其实那位顾客原本就很喜欢这家店的品牌，所以跟售货员之间建立了信赖关系后，就更加激发了购买的欲望。

如果在顾客光顾商店多次之后还是无法与其拉近“语言上的距离”，顾客就会觉得自己没有受到重视。结果造成顾客的购物金额迟迟得不到提高，或者甚至失去顾客。所以说，下功夫学会的恭敬客气的礼貌用语，竟然产生了完全相反的结果。大家不觉得非常不值得吗？

那么，作为一名顾客，到底要求售货员怎么把握礼貌用语的使用程度呢？

我们不妨站在顾客的角度上想想看。你会不会要求服务员操着毫无瑕疵的敬语跟你说话呢？会不会要求他们一点都不许出错？

对于一般顾客而言，大多数人都认为只要“普通”就可以了。这里所说的“普通”是指：只要服务员说的话让人觉得有礼貌就可以。如果顾客希望跟服务员建立友好的关系，那只要说的话让人感到亲近就没问题。相反很多人觉得，如果因为太在乎敬语的使用，说出来让人听着生硬的话，问题才更大。

当然如果作为一名服务人员一点都不会使用敬语，也是个问题。当我们了解到顾客们其实并不要求我们使用完美的敬语，心里会轻松许多吧。倒不如说，即使我们的措词不够完美，面对顾客的提问如果能绞尽脑汁地回答，或者千方百计地向顾客提供有趣的方案，这样的态度也能增加顾客对我们的信任。我们要明白，让自己处在一个时刻充满活力的状态才是最为重要的。

这里笔者希望读者朋友们注意：笔者并不是说“怎么措词完全无所谓”，说法方式才是重要的。如果把完美用语设为100%的话，那么我们只需要做到80%就足够了。笔者希望大家关注的是这一点。

不过，销售商品或提供服务的不同，要求我们使用敬语的完美程度也有所不同。如果是销售奢侈品或提供高档服务，就算达不到100%完美，顾客也会要求我们说的话要上档次。另一方面，在廉价商店，当然不会要求我们说话要像高档商店的售货员那样，笑容灿烂、活力十足才是更受重视的因素。

所以，我们不必追求措词的完美，而应该以掌握一种让人觉得舒服、自然的服务方式为目标。

这一招让我们的顾客更满意

29 不要过分拘泥于措辞用语的完美。

你在背后付出的努力让人佩服！

接下来笔者要讲一个在某家高级餐厅第一天上岗工作的侍应生的故事。这家餐厅向顾客提供全套服务，比如说当顾客想喝加奶的咖啡时，就要由侍应生把牛奶倒进咖啡里。而故事就发生在某位顾客餐后点咖啡时。

当然把牛奶倒进咖啡的工作，侍应生事先已经做了少许练习，但毕竟是上岗的第一天，他紧张得把牛奶洒出了两三滴。而且更遭糕的是，牛奶不巧洒在了顾客的西装上。

幸好这位顾客非常和善，没有生气，反而安慰侍应生，让他不必介意。话虽如此，这个失败对侍应生似乎是个不小的打击。

在那之后，他每天都提前 30 分钟来到店里，一丝不苟地练习为顾客倒牛奶或葡萄酒的方法。有时他还会让店里的前辈扮演顾客，设想一个具体的场景进行反复练习。经过一次又一次的练习，在倒葡萄酒或牛奶上，这位侍应生有了绝对的自信心。

再让我们来看另一个事例。这个故事是笔者从在某家红茶销售公司工作的售货员那里听来的。

据说在这家店里，员工从上班的第一天起，就要处理所有方面的事务。因为公司基本不设培训，所以大部分员工们最开始时连顾客的问题都回答不上来，工作干得很辛苦。

其实，这样的规定也是公司的一个方针。据说这家公司很看重员工是如何克服最开始的困难的，所以不设培训期，直接就派他们到工作现场。而上司则会对他们的努力进行评估。

观察在现场工作的员工们，有的人因始终适应不了工作，认为自己肯定做不好，而选择辞职。还有的人认为，只要有顾客来到商店，能把东西卖给他们就算成功了。抱有这种想法的人，一直都学不会如何接待顾客。这是因为，他们没有把向顾客销售红茶当成一份“工作”，而只将其看成了一份“差事”。

那么，把待客掌握得最好的是什么样的人呢？

据那位告诉笔者这个事例的售货员说，工作掌握得最好的是那些总懂得事先学习的人。令人惊讶的是，甚至有新员工利用刚进公司的第一个休息日就记住了所有的商品，只要顾客说出商品名称，他就能马上找到商品摆放位置并对商品进行说明。

通过牺牲休息日时间主动学习，这名新员工在初期时就能准确无误并顺利地展开工作了。最终，他比任何人都先熟悉了工作，并且得到了来自上司和顾客的高度评价。他只牺牲了一天时间用来学习，但对事后的工作却产生了巨大的影响。

可以看出，通过进行事先准备，不但可以比别人更早地掌握工作技巧，还能增加自信心。虽然刚进公司的时候大家都是新手，但做提前准备的人和不做的人之间，用 3 个月时间就能拉开差距。而且，随着时间的推移，半年后、1 年后两者的差距将达到 3 倍之多。

有些人也许认为：“难得的休息日，我可不想把时间牺牲在工作上。”这种想法并没有错误，在休息日养精蓄锐也是非常重要的。

但笔者想强调的是，仅花 1 天时间进行的准备将大大影响日后的工作。花一定的时间在事先准备上，可以提高每天的工作效率，久而久之，就能在短时间内做好高质量的工作。也就是说，花在事前准备上的时间会转化为成倍的效果回报给我们。

这样想的话，为做好工作在事先准备上稍贡献一点额外的时间，难道不是一件很有意义的事情吗？是选择稍做准备、从较早的阶段开始轻松地开展工作，还是选择什么都不做、一切该怎么样就怎么样呢？如果读者朋友们的目标是成为一个服务业的行家，那一定要选择前者。

这一招让我们的顾客更满意

30

不要在事先准备上吝惜自己的时间。

瞬间就切换成工作模式，好厉害！

就笔者的个人体会来说，凡是能干的人，都能在工作状态和放松状态之间自如地切换。近几年，笔者参加广播、电视节目录制的机会越来越多，而在此之前还没有学过在工作与休息之间相互切换的技巧。

在参加某个电视节目的现场直播时，笔者留下了非常深刻的印象。直播开始前，直播间的气氛非常轻松，其他参加节目的人都是很放松的样子。本以为他们可能是因为每天都要面对直播，所以习惯了。随着节目开始时间的一步步逼近，我想“这下他们该紧张起来了吧”，但他们仍然泰然自若，有的嘉宾甚至还谈笑风生，我却不禁紧张起来。

然而，当开始直播倒计时、开始数“5、4、3……”的时候，谈笑风生的气氛骤变，大家的表情在一瞬间切换成了工作模式。真的很难相信他们在几秒钟之前还哈哈大笑呢。

其实，我们身边很多人不懂得如何在工作状态和放松状态之间切换。比如有些人在开工前聊天聊得很起劲，开工后仍然继续聊个不停。又比如有些人在日常生活中遇到不开心的事，就把自己的负面情绪带到工作中。

可以看出，不懂得如何在工作状态和放松状态之间切换的人，很多时候都是马马虎虎地工作。以这种状态工作肯定不会拿出好成果。

对于演艺圈的人来说，坐在电视机前收看节目的观众就是他们的“顾客”。顾客支持率的高低将影响艺人今后所有的工作，所以演艺圈其实是个相当残酷的世界。正因为如此，艺人们才非常擅长在银幕上拿出最好的表演，或者在短时间内给观众留下深刻的印象。即使他们在家遇到了不开心的事，或者觉得今天不在状态，也绝不会把私人生活的状态反映在银幕上。

对于工作在餐饮业、零售业以及一般服务业的人们来说，道理也完全相同。但是，不可能像在直播大厅里一样有人替我们倒数“5、4、3……”。所以，所有的“切换”工作必须在我们自己心里完成。

相信会有不少人觉得：“话虽如此，但我就是做不到切换自如，怎么办。”如果读者朋友存在这样的问题，不妨把开始工作前的最后一项行动变成习惯，这样能收到很好的效果。

比如，在读完一张写着特定内容的卡片后开始工作，或者在开始工作前对着镜子整理一下着装，等等。笔者把这些小行动称为“开关”。自己为自己准备一些这样的小开关，有利于顺畅地进入工作状态。

最开始的时候，我们可以提醒自己“做完这件事之后，就得开始干活了”，有意识地把自己切换到工作状态。只要能让自己快速切换到工作模式，任何小行动都可以。因为只要顺利地把自身情绪调整成工作模式，就能相应地提高工作效率。

任何小行动都可以作为切换模式的“开关”。比如可以在开始工作前去洗手间，通过这一行动达到调整情绪的目的。或者根本不需要花心思特意去准备一个开关，在单位换上工作制服这一环节都能成为一个开关。在员工会议时，会前的暖场环节也可以是一个开关。

如上文所说，自发地创造一个最容易切换成工作状态的场景，迅速地切换成工作模式非常重要。

学会切换状态的最大好处在于集中工作时的注意力。

时间久了，如果能做到不准备小开关也能顺其自然地集中工作，就更加理想了。

笔者对可以如此迅速地切换自己状态的艺人，莫名地产生了一种钦佩之情，心中暗想：“太厉害了，这才是演艺圈的真功夫啊。”前一秒钟还在谈笑风生，下一秒钟当镜头拍摄自己时，他们的笑声里都带着股力量。他们从面部表情到谈吐方式，以及对话与对话之间的插入方式等，开播前后判若两人。当然，也有个别艺人把不在工作与放松状态之间做切换当作自己的个性卖点，但似乎大部分艺人都有一个把自己切换成“作为艺人时的自我”的开关。

我们作为从事服务行业的人，顾客不在电视机前而就在我们的眼前，岂不是更应该有一个把自己迅速切换成工作状态的开关吗？

这一招让我们的顾客更满意

31

为自己制造一个转换情绪的“开关”。

原来你是拿他做的榜样！

我们一直被教导说："要树立一个目标。"因为有一个目标后，才能明确努力的方向。比如短跑或马拉松，如果看不到终点，就不知道该跑到什么时候。所以，如果不明确终点，连计划都制定不出来。如果不清楚应该到什么时间停止、得出怎样的结果，就有可能一直拖拉下去。

关于如何有效地设定目标，如果想提高服务的品质，就应该时刻把你认为是服务高手的人当作榜样。也就是说，他就是你的目标，是你努力的终点。然后，如果到达了这个终点，接着应该再设定新的终点，继续前进下去。所以，我们应该追着自己想成为的那个人的脚步，一步一个脚印地慢慢成长进步。

有的读者朋友或许会说："话虽如此，可我身边有那么多人，我怎么知道应该把谁当作目标。"或者还有的朋友认为自己身边根本没有谁是服务高手。在这些情况下，我们该如何选择自己的榜样呢？

最重要的一点是，应该选择我们自己发自内心地认为“这个人真厉害！我真想成为他这样的人”的人当作目标。我们不应该随便选一个榜样，而要选定一个人，这个人是你真正想成为的，或者你觉得能做到他那样就太理想了的人。如果我们从直接认识的人里找不到自己感到由衷地佩服的对象，也可以从经常出现在电视或杂志的公众人物里找。

然后，让我们经常在脑海里描绘跟榜样共同工作的场景。如果这个人从事的职业跟你的工作没有直接关系，那不妨想象一下因为某次机会你们进行交流的场景。总之，要尽可能具体地在大脑里描绘出这个人的形象。

一旦制定了明确的目标，接下来就朝着这个目标不断前进。无论是谁，只要跑在马拉松的路上，总有一个时间点会在心里打退堂鼓：“我再也跑不动了。干脆放弃算了。”如果我们能用想象的力量克服这道难关，就能更进一步接近自己心目中的理想。

下面笔者为大家介绍一个通过上述方法取得大进步的人物，美发师小C。小C在某家美容院工作，长时间以来他都没什么进步，对将来感到很不安。笔者通过与他交谈，得知他虽然对自己的技术很有自信，但感觉看不到前景，所以非常苦恼。

于是，笔者就问小 C 将来想达到怎样的目标。对于这个问题，小 C 回答不出来。他还根本不知道自己将来想成为怎样的人。正因为如此，他才不知道该朝哪里走，而一直处于原地不动的状态。

我又问小 C，他开始这份工作的契机是什么，是带着怎样的心情开始在这家美容院工作的。小 C 在回答中说了这样一句关键的话："想在未来的某一天，超越现在店里业绩第一的前辈。"笔者抓住这个点继续深问下去，发现小 C 其实有相当高的激情。

这次谈话过后，小 C 把自己的目标锁定在了"业绩第一的前辈"身上。要想超越他，现在的自己还有哪些不足、怎么做才能更向他靠拢——带着这些问题，小 C 一步步制定起了一个相当周密的计划。

明确目标后，接下来的课题就变成如何时刻在大脑中描绘出最理想的形象，并在工作中一步步接近自己的榜样。小 C 通过在工作时经常有意识地想自己的目标，使以前的烦恼都显得微不足道起来。

笔者不过是在最初的三个月时间里给予了小 C 一些建

议。一年半后，小 C 带给笔者一个令人欣慰的消息：他已经成为该店的首席发型师之一，业绩也跟自己的前辈不相上下。

从上面的故事我们可以看出，人只要明确了目标并开始朝着目标前进，就会产生巨大的能量。把这股能量一直保持下去是件非常困难的事，但只要实现目标的意志坚定，我们实现目标的成功率就会越高。

我们不妨观察一下自己周围的人。如果有什么人是你非常想要超越的，就把这个人设为自己的目标。然后，尽早找出自己的不足之处以及只有自己才具备的优势。在做到这些之后，剩下的就是朝着眼前的目标毫不迟疑地勇往直前了。

这一招让我们的顾客更满意

32

找到一个榜样，经常在大脑里想象“我要成为他这样的人”。

你的工作为何而做？

很久以前，笔者听过这样一个故事：

有两个工人，都在做堆砌砖瓦的工作。有一个人经过他们的身边，问其中一个工人："你在做什么呀？"这个工人不耐烦地说："这你还看不出来吗？我在堆砖头呢。"过路人拿同样的问题问另一个工人，而他是这样回答的："我在建城堡呢。把砖头一块块堆起来，就能建成一座气派的城堡。"

非常遗憾，笔者记不清这个故事的细节了，笔者讲的或许跟原本的故事有少许出入。但笔者在此想要表达的是：这两个工人对待工作的态度完全不同，一个人勉勉强强地应付着每天的工作，而另一个人工作时在大脑里描绘出了由一块块砖头堆砌成城堡的情景。虽然他们做的是同样的工作，但他们对工作的看法却截然不同。

勉勉强强工作的人肯定每天都在埋怨，不停地向周围的人诉苦，抱怨自己多么难受、苦恼、心烦；而另一个人，一定把工作当成了一件乐事，他还会高兴地把自己的工作多么有价值告诉给身边的人。

我们可以看出，做同样的工作，开心面对肯定要比愁眉苦脸地面对幸福得多。那么怎样做才能产生积极的心态呢？我们必须明确地知道自己通过这份工作想获得什么。我做这份工作是为了实现什么、我的志向在哪里——只要明确了这些问题，我们一定会对每天琐碎的工作产生不同于以往的看法。

软银（SoftBank）的总裁孙正义在谈到志向时，是这样说的：

"'梦想'和'志向'听上去相似，但两个词之间有一个决定性的区别。梦想是实现自己一个人的欲望，而志向超越了个人，是想为更多人做贡献的心情。"（摘自软银官网 2008 年度应届毕业生录取共同培训《孙正义 LIVE 2008》）

当我们谈到"志向"的时候，往往觉得必须是一个高远的目标，但其实不然。只要是发自内心的，任何目标都是志向。比如"我要把这家店做到全国最好"、"让我们店的员工们组成全国最棒的团队"、"把这款商品做到好得让电视台都来报道”等，我们一定要明确自己想通过工作实现怎样的目标。

我们想实现某个目标的心情越强烈，对待日常工作的态度就越会发生转变。这个道理其实非常简单：因为我们会发现，过去我们觉得是“差事”的工作，在颇有意义的目标下变成了一个有机的连续体。也就是说，任何一件微小琐碎的工作都不再是一项纯粹的差事。

如果我们真心想把自己的店铺做成全国最棒的，让很多顾客满意的话，那么把店铺打扫干净就将不再是一件苦差。相反，把店面收拾干净会让我们觉得离全国最棒的店铺又近了一步，因此会感到高兴。

突然有一天就猛地让我们胸怀大志，从现实来讲或许很难做到。而如果你每天都在勉强度日的话，就更是难于登天。

志向不是硬逼着就能树立起来的。所以，我们不妨首先在心里想一想“最好能变成什么样”，或者“不希望变成什么样”。刚开始的时候，概念可能会很笼统，但随着每天的思考，慢慢地就能明白“什么事不该做”、“什么事一定要实现”。我们只要能做到这一步，就一定能站在一个比过去更高的高度思考自己的工作。

如果某个人看起来神采奕奕，那么他一定是有志向的人。哪怕他的目标还不够明确，还不能称之为真正意义上的“志向”，但他肯定也是把目光放在一件“大事”上的。就像最开始讲的小故事一样，我们是把堆砌砖瓦看成自己的工作，还是把修建城堡看作自己的工作？以长远的眼光来看，两者之间将会产生巨大的差异。

我们不妨现在就重新思考一下，自己究竟是为什么而工作的，从中或许会有意想不到的发现！

这一招让我们的顾客更满意

33

对自己的工作要抱有明确的志向。

第5章 把突发事故、顾客的不满与意见转变为机遇

光说“请提出宝贵意见”有什么用？

下面这个事例发生在午餐高峰时间过去之后的下午 3 点左右。当时笔者正在某家意大利餐厅吃饭，旁边的桌子聚集了 6 位家庭主妇模样的顾客，聊得热火朝天。其中一个人扯着嗓门说道：“其实我每次来都觉得吧，看不懂这家店的菜单。”于是其他几个人也异口同声地说：“就是就是”、“我也一直是这么想的”。随后这几位顾客围绕着餐厅的服务问题聊了起来。

不知道读者朋友们有没有过类似的经历？即使绝大多数人对某家店铺有意见，也都不会特意去跟店铺里的人说。而且，即使是想告诉店家，也未必有说的机会。结果在聊其他话题的过程中，就已经忘掉了自己的不满、要求和意见。

顾客的这些意见对店家而言是非常宝贵的“资产”。但因为这些不过是顾客偶尔的感受，所以他们不会为了防止遗忘而特意写在备忘录上再告诉店家。笔者经营的公司是专门调查店铺的，须另当别论，但除此之外的大多数情况下，像那样的宝贵信息都会转瞬即逝。

作为店家，都不愿听到负面信息，所以不少店家甚至不会去建立一个倾听顾客声音的机制。然而，抱着积极聆听顾客声音的态度，根据顾客的意见对服务进行改善，将使整家店铺活跃起来。

作为店家，我们应该时刻保持“顾客提出的所有感想，我们都该积极倾听”的态度。但是，空有一份态度顾客是感觉不出来的，我们必须准备一些“小手段”。

比如，我们可以把专门收集顾客意见的邮箱地址印在名片上，或者在网站上准备一个专门收集顾客感想的表格。或者可以使用一般性的问卷调查明信片、制作一个顾客能用手机简单反馈意见的工具。当然了，还可以利用笔者所经营的公司这样的专业机构。

无论采取哪种办法，最重要的在于如何让顾客简单直接地发表意见。因为，不论我们采取的手段有多高端，如果收集意见的程序繁琐，那么不管怎么声嘶力竭地请顾客提供意见，也不会有人响应。

下面讲一个回转寿司店的事例。这家店铺想通过积极地倾听顾客的不满来找出自身的问题，以此不断进步提高。于是，他们在店铺的主页上设置了一个供顾客提供意见的反馈栏。

笔者告诉这家店铺的店主：“单在网站设置一个意见反馈栏是不可能解决问题的。”但店主似乎认为这样做应该就能收集到顾客的反馈。结果，3 个月后，店家的负责人联系笔者，说：“本多先生，我们怎么也收集不到顾客的意见，还是请您来帮帮我们吧。”

仔细想想就能明白，他们这么做收集不到顾客的意见也是意料之中的。因为访问回转寿司店网页的大多数顾客，都是为调查店家地址、菜品和优惠券信息。也就是说，绝大多数顾客都是来店铺之前才看网页的。

而且，这家店铺不对顾客做任何宣传，所以来过店铺的顾客也不知道网站上设有这么一个意见反馈栏。而最关键的是，访问过这家店铺网站的顾客本身就少之又少。

因此，笔者建议这家店铺重新建立一个能让来店的顾客轻松发表意见的机制。首先，向该店铺的会员定期发送邮件调查问卷。此外，每月选定一天作为店家的“收集顾客意见日”，让实际来店铺的顾客回答纸质的调查问卷。对于回答了问卷的顾客，店家在结账时提供9折优惠，所以绝大多数顾客都积极地进行了响应。

于是，在建立了一个有效的收集信息的机制后，这家店铺从顾客口中收集到了相当数量的意见和建议。然后，店家把这些反馈分成能够实现的和不能实现的，对能够实现的意见，在店铺里张贴出解决措施，对不能实现的意见，则写明做不到的理由。

如果我们对倾听“顾客不满”有抵触的话，那么保持一个倾听“顾客要求”的态度也未尝不可。要想建立这样一个有效的机制，必须由身居一线的员工发表意见，否则很难实现。不要觉得这是应该由公司上层考虑的事，只有身居一线的人提出收集顾客意见的必要性，一切才有可能发生改变。

这一招让我们的顾客更满意

34

建立一个顾客便于表达不满或要求的反馈机制。

大热天的，你们怎么把空调给关了？

无论什么行业，都有“接待顾客的行家”。读者朋友们的身边，有没有这样的行家呢？

当然了，这些服务界的行家不但工作兢兢业业，而且拥有丰富的经验。他们还有一个共同之处，那就是“对偏差异常敏感”。也就是说，他们非常善于发现顾客的感受和提供服务者的考虑之间的偏差。因为他们非常善于读取买方和卖方之间的偏差，所以在接待顾客时能够很好地纠正这些偏差。

比如当我们在陈列商品时，是不是更倾向于把东西放在易于摆放的位置，而不是顾客易于看到的位置？特别是当商品较为沉重时，从仓库里搬出来非常辛苦，所以我们会尽量把商品放在易于摆放的地方，或者减少商品摆放的数量。然而顾客是不知道这其中有多辛苦的，他们只会认为“这么摆我看不清商品啊”或者“商品种类再多点就好了”。

又如，尽管不少顾客觉得屋里热，店家还是把空调关了。而且关掉空调的理由竟然是“削减成本”。如果是出于环保的原因，我们尚可以理解，而且不会没有顾客支持。或者，如果关掉空调能有像降低商品价格这样的让利的话也未尝不可。然而实际上，笔者看到某些店家既不是出于什么原则也不是提供什么优惠条件，只是为了削减自己的成本。

还有的店家，只把注意力放在了提高餐位周转率上，忽略了对顾客的礼貌态度。店员们嘴上虽然说着“请您慢用”，但在顾客还在用餐的时候就把餐盘一个个撤走。等顾客用餐完毕的时候，餐桌上竟然被撤空了。不仅如此，餐盘虽然撤得勤快，端茶倒水却十分怠慢。

可以看到，顾客所感受到的和卖方所思考的之间存在着很大的偏差。这些偏差有大有小，方式也多种多样。懂得提供高质量服务的人，会在第一时间察觉到买方和卖方之间的偏差。并且会及时提出解决偏差的措施。这也是最终决定服务质量优劣的分歧点。

就拿刚才提到的事例来说，可以这样去改善——比如考虑到“顾客应该想看到更多种类的商品，虽然我们会辛苦一点，但还是摆更多种类出来吧”，然后实施执行；考虑到“一味地想着如何削减成本是不是存在误区？我们还是应该在不会直接影响到顾客便利的环节上削减成本”，然后只在员工办公室内关掉空调；如果过分在意店里餐位的周转率，就重新计算、安排撤餐盘的时间和倒茶水的时机。

令人刮目相看的服务高手都会像上文提到的一样，经常观察与顾客之间存在着怎样的偏差，并时刻自我反省、思考如何进行改进。

相信读者朋友们平时作为普通顾客光顾商店时，会产生各式各样的想法或者不满。而当我们站到卖方的角度，往往就会很容易忘记“普通顾客所感所想的视点”。这里有一个窍门帮助我们不去忘记，那就是在大脑里保持“另一个自己”的意识。

“另一个自己”就是指作为普通顾客的自己。我们不妨这样自我设问：“如果我是来这家店的顾客，离开时能不能做到满意而归？”改变视点后，很多过去发现不了的问题会看得很清楚。

我们这样思考的同时，作为卖方的自己或许会开始找各种借口，比如“话虽如此，可我们店空间小、人手又少、很多人都还是新人……”。但我们的思考不能就此止步。“那么我们该如何解决”——继续思考下去才是最重要的。这样，我们就有可能找到新的解决方案。

如上文所述，我们要站在买方和卖方双方的立场上思考问题，一步步完善让“作为顾客的自己”满足的方案。

虽说如此，有些读者朋友可能会认为：在自己工作的店里很难去想象一个“作为顾客的自己”。如果有这样的想法，我们不妨问问家人或朋友，从周围收集意见。也就是说，向身边肯坦率发表意见的人征求意见，将其作为“普通顾客的意见”加以参考。

克服买方与卖方之间的“偏差”或许并不是一件可以简单做到的事。但当我们意识到“作为卖方的自己”和“作为一般顾客的自己”，并把目光集中在“偏差”上时，肯定会有各种新鲜的发现。至少，这么做肯定不会有坏处。

这一招让我们的顾客更满意

35

学会敏锐地察觉与顾客之间的“错位”。

你真的没看见这儿有垃圾吗？

不知道读者朋友们听没听说过“破窗理论”（broken windows theory）这个词？

这个理论因帮助减少了纽约的犯罪率而闻名于世。纽约一直是犯罪的温床，为解决这一问题所采取的方法看上去却非常简单，就是清洁地铁里的涂鸦。

说起来，破窗理论是斯坦福大学的菲利普·津巴多（Philip Zimbardo）教授通过某项实验证实的。这个实验具体是这样做的：把一辆普通的汽车和一辆前窗玻璃被打碎的汽车同时停放在某街区里。一个星期后，普通的车没有发生丝毫变化，而那辆车窗玻璃被打碎的汽车的其他几面车窗也被接连打碎。而且，被破坏的车上值钱的零件被偷得几乎一件不剩。

这个犯罪心理学理论告诉我们这样一个道理：如果忽视微小的犯罪，最终这些犯罪会一环接一环，升级成一个重大的犯罪。

为什么笔者在这里提到破窗理论？这是因为该理论也能直接应用到商店运作上。最终决定一家店铺优劣的，就在于是不是忽视了第一眼看到的一丁点儿垃圾。

实际上，当我在干净整洁的店里观察一段时间后发现，只要哪里有一丁点儿垃圾，注意到的员工会马上捡起来。他们的思维非常简单，无非就是“地上有垃圾，我要捡起来”。也就是说，他们理所当然地做着理所当然的事。

同样的问题如果发生在清洁不到位的店铺里，又会是怎样的情形呢？就笔者个人的所见所闻，大部分店员都会举出各种理由，比如“这块地方不是我负责的”、“现在没时间”、“反正一会儿要大扫除”等，然后对垃圾置之不理。

也就是说，即使有垃圾掉在地上，现场的员工们也会找出各种理由，忽视掉那片垃圾。于是从那一刻开始，这家店将和上文介绍的理论走上同一条路：一片垃圾变成两片，两片垃圾变成三片。

“我想等一会儿做”，这种心思在垃圾变成两片时也不会发生改变。即使地上有三片垃圾，也想着“现在太忙了，等过一会儿再收拾吧”。而这，就是清扫做不到位的原因。

有意思的是，在清洁方面做得彻不彻底会影响到接待顾客时的服务质量。因为“就这么凑合着吧”的想法也会在接待顾客时表现出来。对地上垃圾置之不理的人，在接待顾客上也会放松要求。他们在接待顾客时总会这么想：“做到这一步就差不多了吧”、“总之先搪塞过去”。这样的态度最终会引发顾客的不满。

实际走访的店铺多了会发现，清洁方面水平高的店铺在绝大多数情况下，接待顾客的水平也很高。如果有例外，往往是因为有较多还不熟悉工作的新员工。这些新手们不但干劲十足，清扫一丝不苟，同时也十分尊重顾客。只是他们的服务技术还赶不上自己的热忱心情，所以容易“竹篮打水”，没办法熟练地提供服务。

但即使开始时存在这样的问题，只要能在进步的过程中一直保持这种积极的态度，清洁店铺和接待顾客这两项工作就会相辅相成，以良好的状态持续下去。

实际上，对于在卫生方面做得不彻底的店铺，很难一下子将店面改造得干净整洁。这是因为，这些店铺的“清洁”标准本身就是错的。很多时候他们自己觉得已经清理干净了，但其实跟过去相比并没什么变化。

如果让工作在干净整洁的店铺的店员来看，他们马上就能判断出哪些部分做得不够。然而，从不知道“干净整洁”是什么样子的人是不会明白哪里需要改进的。所以，即使跟他们强调不能放过任何小小的垃圾，也很难马上就有所进步。

那么，我们应该怎么办？开始时必须非常仔细地规定好每位员工的分工，比如 1 点到 2 点由小 A 负责检查，2 点到 3 点由小 B 负责检查。也就是说，通过明确每个人“必须由自己来完成的事项”，来提高所有员工的意识。然后，当大家变得能在一定程度上做好自己的日常工作了，再慢慢地放宽分工，让全体员工都能够自觉地做到。

我们是不是对一丁点儿大小的垃圾置之不理？请读者朋友们牢记，在提高店铺水平的过程中，这是一个极其重要的判断标准。

这一招让我们的顾客更满意

36

不要放过一丁点儿垃圾。

顾客摔倒了，你就只在一旁看着？

不论我们认为自己的工作做得有多么完美，随着一些无法预测的事情的发生，一些努力都有可能在瞬间灰飞烟灭。火灾、地震、事件、事故、其他各种小问题等，任何事情都有可能妨碍我们积累起的成果。

正是因为存在这种突发危机，所以我们必须认真对待工作手册。而且工作手册不能是敷衍了事的薄薄一本，必须有相当的厚度。与其说是工作手册，将其称为“步骤指南”或许更为贴切。正因为需要处理突发问题，一本像“三级跳”一样说明详细步骤的步骤指南才是必须的。

当然，如果日常训练做得极其到位，以至于不需要步骤指南当然是最理想的，但要求所有的工作人员都达到这样的高度是很困难的。所以我们必须有一个机制，即使在遇到突发问题时店里全是新员工的情况下，他们也能通过这个机制进行跟老员工水平相当的处理。因为，尤其是在需要分秒必争的时刻，每位员工都必须能做到步调一致的处理。

突发问题也分多种状况。比如，可能是顾客之间的争吵，或者是顾客突然摔倒受伤等。发生这些非常事态时，店里的员工们心情肯定也会非常紧张。

某家店里就发生过顾客摔倒后头部流血不止的事故。但这家店之前并没有训练过员工如何处理这种非常事态。而且，那一天店长恰巧歇班不在店里，当时在场的全是尚未习惯工作的新员工。于是，因为事故发生得太紧急，工作人员们一个个都显得惊慌失措。最后，竟然是在场的其他顾客叫了救护车才把问题解决。

正是考虑到这种突发时刻，我们必须准备好一份像“三级跳”一样的步骤指南。因为当有什么事情发生时，很多人虽然知道首先应该确保顾客的安全、让顾客安下心来，但不知道具体应该做什么，或者接下来应该做什么。为了能在紧急事件发生时马上找到解决方案，应该把步骤指南按情况分类，并规律有序地摆放。

比如，如果有顾客在店里受了伤，打开步骤指南，上面详细记载着处理流程：“马上联系××出租车公司（重伤时联系救护车）→店长陪同前往医院→店长支付出租车费

→一直在医院等到诊治结束→待顾客稳定后询问其住址、姓名、联系方式”。有这样一份指南的话，不仅工作人员能冷静地处理问题，最重要的是，能让顾客也放下心来。

笔者在强调这点时，有人曾提出过反对意见，认为“工作手册主义不可取”。但笔者认为，本小节的观点与所谓的“工作手册主义”是两回事。我们常提到的“处理突发事故”，其实包含了各种各样的情况，把这些问题全都收集起来让员工们彻底记在大脑里是不现实的。而且，笔者并不是说让员工们在提供普通服务时也要一边看工作手册一边做事情。归根结底，使用步骤指南是为了防备紧急事件。

下面，就为读者朋友们介绍一下制作步骤指南的方法。首先，对于突发问题或者紧急事态，只要是能想得到的，就全部罗列出来。这项工作可以在员工会议上进行商讨。还有一个方法，就是通过书籍阅读或者网络搜索查找可能存在的突发情况。

通过上述方法找出可能存在的问题后，员工们针对各问题互相发表意见，想出解决步骤。内容一定要写得详细具体，让人看了之后马上就能采取行动。

需要补充一点的是，考虑到紧急事态的发生，我们编写的步骤指南一定要写得简明易懂，并放置在容易找到的地方。这是非常关键的一点。如果有照片的话还可以使用照片，让人看一眼就能马上找到。

除此之外，如果可能的话，把步骤指南分类归档之后，最好能在电脑里备份相同的内容。如果有电脑，将非常方便检索，所以如果既能使用纸质文件又能调查电脑数据，处理问题时会更加便利。

越是遇到这种紧急问题，越能在真正意义上体现出一家店铺的实力。不管是什么事情，发生时就为时已晚了。因为不是频繁出现的问题，工作人员在这一环节上的意识也很容易淡薄。然而，如果我们想为顾客提供打动人心的服务，越是这种很少发生的事情，我们才越应该认真想好解决的对策。

这一招让我们的顾客更满意

37

突发事件越是紧急，就越要用详细的步骤指南加以处理。

我家小孩和摔碎的杯子，哪个更重要？

所有店铺，在有小孩时都应该格外谨慎小心。因为不管父母是在放松地用餐还是在店内闲逛，小孩都喜欢上蹿下跳，无论你怎么提醒他们，他们还是会“忙个不停”。

在本小节，特别需要读者朋友们注意的是儿童的突发事故。虽然我们的目标是竭尽全力创造一个安全安心的场所，但事故是绝对不可能百分之百避免的。事故发生时的处理方式好坏，将大大影响顾客对我们的信赖程度。

话虽如此，我们首先还是应该尽可能地避免事故的发生。这里最关键的是要用儿童的角度环顾店内。儿童看到的景象和大人是完全不同的，比如室内的各种电线，对于大人来说不算回事，但对于儿童来说有时候是相当危险的。

又如，小孩很感兴趣的东西如果放在他们踮起脚就能够到的地方，他们就会竭尽全力地伸出手去够。如果旁边放置了重物或者易碎品，掉下来的话将造成非常严重的后果。

在某家店里曾发生了这样一件事：有个小孩把卖场附近放着的垫脚凳搬来，试图把放在高处的玩具拿下来。小孩站在垫脚凳上，认为自己差一点就能伸手够到了，于是使劲儿踮起了脚。可谁知他一下子失去了平衡，从垫脚凳上摔了下来。小孩摔倒在地板上的同时，玩具又砸在了他的腿上。

因为垫脚凳一直放在角落里，所以卖场的工作人员没想到小孩会自己搬过来使用。虽然这个小孩只受了轻微的摔伤，是不幸中的万幸，但我们可以认识到的是，小孩有时会做出大人想不到的事来。事后问这个小孩，他说："我看到店里的人都是这么拿玩具的，所以我觉得自己也可以这么做。"

诚然，对一切危险都做到防患于未然是非常困难的，但对于能设想到的危险因素，我们一定要通过站在孩子的角度逐一排除。

那么当事故发生时，我们应该怎么做呢？

最关键的一点，是首先一定要确保小孩的安全。之后再考虑如何处理其他问题。

比如，电线不小心伸出来后，小孩走过去被绊倒是常有的事。遇到这种情况，一定要先把摔倒的小孩扶起来，询问他是不是要紧，然后再把伸出来的电线收回去。

上面只是一个比较好懂的例子，其实有时候，我们很容易因为现场的情况慌了神，而忽视小孩。比如，笔者有一次在餐馆吃饭的时候，见到一个小孩把桌子上放置的给顾客用的玻璃杯碰落打碎了。这种时候，或许很多人首先会想着收拾碎杯子吧。

但这时候我们首先应该询问小孩有没有划伤，确认了小孩的安全后，再去收拾摔碎的杯子。

而且实际上，真正细致周到的服务到这里还不算完。询问完是小孩是否安全并收拾完现场后，最后还应该安慰小孩并再次确认其是否安全。

安慰小孩时可以对他说“没事的”或者“别担心”。有些小孩并不是故意为之，或者发现自己做了错事后会感到非常后悔。如果我们看出孩子属于这种情况，就应该安慰他说“不要紧的”。然后，我们应该再次巡视现场，确认是否已经确实没有问题。只有贯彻到了这一步，我们才能说是真正做到了确保安全。

无论我们处于什么状况，都要把顾客的安全放在第一位，并进行冷静的处理。如果能把这条原则时刻挂在心上，那么即使发生了事故，通过我们妥善的处理，也能换来顾客的信赖。

这一招让我们的顾客更满意

38

当遇到孩子的突发事故时，要把确保孩子的安全放在第一位。

你们的处理既迅速又周到！

无论我们日常的服务做得怎么细致周到，都不可能百分之百地避免顾客投诉。我们对自己的工作越是认真负责，越容易在出现顾客投诉时产生强烈的心理落差。但无论是高档次的酒店，还是高服务质量的店家，都不可能完全避免顾客投诉。

那么，服务好的店家与服务不好的店家之间的差别在哪里呢？差别在于顾客投诉的处理方式。平时尽职尽责以避免投诉的发生很重要，而在投诉发生后，如何妥善地处理问题也同样重要。

在处理顾客投诉时，一定要善于用“压缩思考”的方式思考问题。这个词是笔者独创的，指的是在出现顾客投诉后，一定要把所有环节都“压缩”起来思考。也就是“内容密度大、反应速度快”。比如通常要花 10 天才能完成的事，必须在 1 天之内完成。而且，还要追加大量比平时更优质的服务。

用一个形象的比喻来说明的话，这个理念很像电视购物节目里经常介绍到的“衣物压缩袋”。把被子或者衣服等放进这种袋子里，再拿吸尘器把空气抽走后，袋子一下子就被压缩了。我们在处理顾客投诉时，就应该省略没用的步骤，压缩处理速度和内容。

下面介绍一个发生在某家日用杂货销售公司的事例，该公司提供电话购物服务。某一天，一位使用该公司产品目录并进行过订购的顾客提出了投诉。这位顾客称：早在一个月前就订了货并且付了款，可商品现在还没有收到。

接电话的店员是位刚开始上班的新员工，他不知道应该如何处理，于是放下电话查了起来，结果让顾客在电话前等了足足5分钟。然后等另一位店员接听电话时，顾客的愤怒早已升级，公司只好不停地赔礼道歉。

挂了电话后，在场的员工们开始讨论怎么会发生这种事、接下来应该怎么办。他们讨论的时候，恰好公司的领导因为别的工作来到了办公室。在领导的问询下，有关店员把刚才的情况做了汇报。领导听后，是这么说的：“大家听好，今天发生的这件事，对公司而言，本身是绝对不允许的。但既然问题已经发生了，我们只能竭尽全力赢回顾客的信任。现在我们就处在能不能赢回顾客信任的转折点上，必须马上处理好。”

于是，领导当场指派一名员工负责追查问题的原因，并命令另一位员工把顾客订购的商品拿来，同时，领导自己也开始调整起自己的日程安排来。

在此之后，该公司在令人惊异的速度下周到地开展了解决行动。这位领导拿着商品亲自到顾客所在的北海道，在顾客投诉的当天晚上上门赔礼道歉。

事前公司给顾客打了电话，说当天晚上一定把商品送到。可顾客也没想到公司的人会直接上门送货。而且当听说对方是公司的领导后，顾客的吃惊程度甚至超过了满意程度。就这样，因为公司迅速的处理，顾客的怒火也终于消失了。

事后，公司查明了出错原因。原来，话务中心在接到顾客订单后，接线员在输入信息时把顾客的住址写错了。因此，商品才一直处于未送达的状态。如果在平时，出现这种情况的话，公司会马上联系顾客，但没想到这位顾客的电话号码也是错的。事后公司得知，电话号码是顾客一开始自已说错了。

因为地址和电话号码都是错的，所以才耽误了这么长时间。据说，该公司在查明原因后给顾客进行了充分的解释，并对今后会如何处理类似问题进行了说明。这些举措得到了顾客更多的认可。

通过上面的事例我们可以看出，在处理顾客投诉时，压缩思考的理念非常关键，即把应做的事情集中压缩起来迅速完成。在这一环节，我们必须采取跟通常相比截然不同的思路。因为我们是在处理突发问题，所以这时候绝对不能计较花多少成本、费多少工夫。

而且，当时处理完还不算真正的完成，我们一定不要忘记对事后问题是如何一步步得到改善的进行追踪记录。

这一招让我们的顾客更满意

39

处理顾客投诉时要采取“压缩思考”的理念。

服务员看似不紧不慢却行动迅速，真厉害！

当我们在客流高峰期走进店家时，会看到几乎所有的店员都是忙忙碌碌的，接待顾客时全身都透露着一股“抓紧再抓紧”的气势。有时候，店员的“忙碌模式”甚至会让顾客敬而远之。因为有些顾客看到店员非常忙碌的样子，即使有什么问题想问，也会在心里想“还是别麻烦他了，算了吧”，然后掉头离开。

各位读者朋友们是不是也有过类似的经历呢？如果看到店员们手忙脚乱、慌慌张张的样子，应该会觉得不好意思打扰他们吧？所以即使有什么问题，也会想：“还是下次吧。”

相反，如果看到店员们干活拖拖拉拉，我们会觉得心情烦躁，心想他们干活儿的时候为什么不能手脚再麻利些。所以说，忙得让顾客心慌的行动不可取，而员工的动作太过拖拉也会招致顾客的反感。如果让顾客产生了这样的情绪，那么在不知不觉中，我们就会失去这些顾客。

服务员在店里忙碌不停的样子，一方面带给顾客“这家店活力无限”的印象，另一方面也可能带给人“他们太忙，顾不过来我们”、“顾客受不到重视”或者“好像被店员赶着购物”的印象。相反，如果工作做得慢条斯理，虽然能给顾客留下“认真恭敬”的印象，但同时也有可能让顾客产生“干活没精神”、“偷懒、不勤快”等负面评价。

很多读者朋友可能会觉得很难在快与慢之间找到平衡。而关键在于，要善于运用这二者的优势。也就是说，该做的工作要做得麻利；当与顾客接触时要态度恭敬、从容、有条理。如果能把自己的行动控制得张弛有度，就可以大大提高顾客对我们的信赖度。

特别是在处理顾客投诉的时候，处理得张弛有度有时可以缓解顾客的不满，让顾客的印象大幅度好转。

下面介绍一个发生在某家酒店的事例：有位顾客给前台打来电话，抱怨酒店没有在客房的冰箱里准备软饮料。这位顾客之前一直在拨打内线，可怎么也打不通，于是在电话接通时就显得很不耐烦。前台服务员意识到如果让顾客再等下去的话，会引发顾客的进一步不满，于是他在小心谨慎地道过歉后说：“我们马上给您拿过去”，以尽量缩短顾客的等待时间。

然后，服务员迅速地准备好了一套软饮料，为能尽快送到顾客手里而小跑着来到了客房前。当他来到客房门前时，做了一次深呼吸，并整了整自己的衣角。然后轻轻敲门，以沉着镇定的态度走进房间。

打过电话后几乎没等多长时间，所以顾客对服务员的速度之快着实吃了一惊。而且看到服务员的样子不像是慌慌张张地送过来的，所以顾客烦躁的情绪也得到了缓和，对酒店的处理方式表示满意。

在顾客看不见的地方，我们忙前跑后行动迅速；当着顾客的面，我们气定神闲，泰然处之。像这样张弛有度的行动，就是找到了平衡的做法。我们在行动时如果能分出轻重缓急，那么顾客也能给自己的情绪找到一个平衡，紧张的心情也会放松下来。

经常有人拿顾客看不见的部分当借口，比如会解释道："从 1 楼到客房可有好长一段距离呢。"这样的想法一定不能有。正因为顾客是看不到这一环节的，所以我们才更需要配合顾客的时间展开行动。

无论是处理顾客投诉还是日常的接待顾客，有张有弛的行动都会给顾客留下良好的印象。今后当我们在店里工作时，不要因为忙而抓紧或者因为闲而放松下来，不妨常在心里想着“越是在忙碌的时候越要有张有弛”。也就是说在顾客的面前要态度恭敬，从容不迫；在顾客看不见的背后要极尽可能地加速行动。

如果做到了这点，顾客对我们的评价一定会有所改变，而且会觉得我们是名副其实的服务业专家。

这一招让我们的顾客更满意

40

要想提高服务档次，行动要分清轻重缓急。

到底该不该为顾客搭把手？

人们常说“顾客就是上帝”，但未必顾客就是100%正确的。有时候错在顾客身上，有时候顾客和服务员双方的说法都有道理。

但我们越是兢兢业业地工作，就越不容易在心理上接受顾客话里带着的负面语气。特别是当顾客提出投诉时，我们甚至会对自己的行为失去信心，怀疑自己做的到底是不是正确的。

在某家日式点心店，发生了这样一件事：有几位顾客正在买东西时，走进来一位老太太，看样子大概 80 多岁了。这位老人虽然看起来很精神，但拄着拐杖。进门后，她就朝着店铺里面走了进去。估计是因为店里其他地方都站着顾客，老太太才想着朝里面没什么顾客的地方走。

但在往店铺里面走的路上有一个台阶。店里某位售货员发现了，觉得老太太走到那里时可能会有危险。而且这位售货员曾好几次看到有顾客在同一个地方绊倒，所以担心老太太经过那里时会摔跤，于是马上跑到她身边，在老太太就要走到台阶时赶忙伸过手去，并说："这里有个台阶，请您小心一点。"

没想到，这位老太太突然发起火来，大声说："我还没老到需要让别人扶我呢！你是不是看我上年纪了，就过来笑话我啊，是不是？"售货员对老太太的怒火感到很吃惊，一时说不出话来。这时候店长急忙赶了过来，才把场面平定下来。可老太太当时已经非常愤怒了。

不过在这件事里，最受打击的恐怕是那位好心的售货员。他之所以这么做，是因为认为自己是为了顾客好。但却招来了顾客的责骂，感到很委屈。

这件事的发生也让店铺开始反思。因为一直以来，这家店的方针是当顾客看起来需要帮助时，店员们应该尽可能地伸出援手。

店家的善意反而招致了顾客的不满，所以事后有几个员工提议：今后干脆不要再做帮助顾客的事了。而且甚至有员工觉得"不应该多管闲事"、"应该放弃帮助顾客的方针"。自己所做的事到底是正确的还是错误的？员工们左右为难，不知如何是好。

几天过去了大家还是没得出一个结论来。恰恰在这时，另外一位曾光临过这家店的顾客寄来了一封表扬信。信中提到售货员们热心周到地提供了各种帮助，让自己的购物十分开心愉快。这位寄信的顾客由于腿脚不方便，平时一个人出门买东西很困难，所以员工们的亲切服务起到了很大的帮助作用。

店长看过这封信后，发出了这样的指示：对于看起来需要店员搭把手的顾客，还是应该继续积极主动地打招呼并提供帮助。而采取这一方针后顾客们对店家的感谢之声也越来越高，仿佛在表示支持店长的决定。

类似上面的事，在别处也能经常见到，比如下面这个发生在某药妆店的事例。由于来这家店的顾客以年龄偏大的人居多，所以店里为了能方便顾客找商品，把广告牌和指示标等都做得比较大。但有一次，一位顾客提出意见，说这么大的指示牌看着“碍眼”。接到投诉后，店员们开始产生了犹豫，不知道是不是应该考虑换一种表示方法。

像上面介绍的两个事例一样，有些时候我们不知道怎么做是正确的、怎么做是错误的。遇到这种情况时，我们不要只倾听一个人的声音，还是要站在大局的角度上想问题。冷静地判断哪一方的声音更强烈。

基本上，如果我们所采取的行动是利于提供更优质的服务的，这样的行动就应该继续坚持下去。如果开展行动的目的是为了打造更好的店铺，我们就应该有绝不动摇的魄力。

如果实在没有办法继续做下去，我们不妨在完全放弃之前，摸索一下还有没有别的方案。顺便说一句，上文介绍的药妆店，在对老年顾客群经常购买的商品进行分析后，决定只对这些商品采用较大的广告牌。

虽然我们的本意是好的，但在结果上招致负面评价的事情有时也在所难免。如果我们的行动是经过正面考虑而采取的，就没必要总是怀疑自己做得不对。有时候，具备面对投诉不服输的精神也是很重要的。

这一招让我们的顾客更满意

41

培养强大的内心，不被某一位顾客的言行左右。

第6章 用团队的力量打动顾客

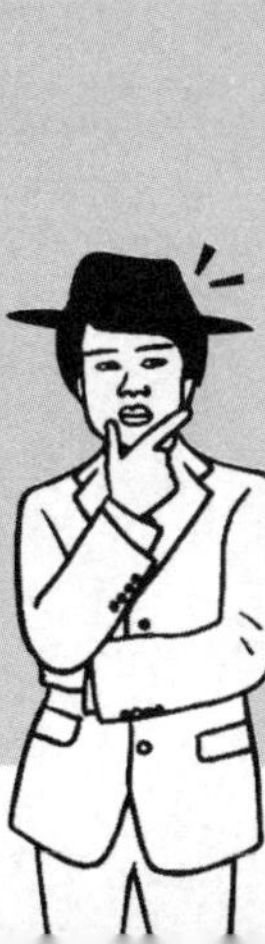

这家书店的人格魅力比书本更吸引人。

我们经营某家店铺时，只要稍微多加努力，店铺就会朝着更好的方向发展。如果店里的每一位员工都各自稍微多加努力，店铺发展速度会更快。我们的目标也就能在更短的时间内实现。这就是团队合作的力量。

要想让团队合作发挥出百分之百的效果，整个团队必须有一个共同的“大方向”。这里的“大方向”既可以是一个明确的“目标”，也可以是一个美好的“希望”（比如“想让店铺成为……的样子”）。甚至只是一个单纯的“主题”（比如“阳光活力”）。

这里，最重要的是全体员工共享并都理解、接受这个大方向。而且这不是暂时的，是大家要一直保持的共享状态。为了让一个团队以一个整体的形式运作，关键在于要让全体成员每天都意识到所定的大方向。

下面介绍的事例发生在日本一家拥有众多连锁书店的

公司在某地区的几家书店。故事发生在定期举行的店长会议上。笔者向他们说明给店铺树立一个目标或发展方向是多么重要后，在座的店长们马上就自己所管理的书店开始了讨论。经过很长一段时间的讨论后，他们大致得出了这样一个结论：来书店的基本都是只想买书的顾客。

这时候，有一位店长说道："卖得好的书店确实有，可是因为某个店员的存在而提高了销量的书店还真没有几家。在其他行业，有些店家通过在服务上打出自己的特色，让顾客因受到店员的款待而频繁光顾，可惜在书店还没有过这种情况。"

听了他的这番话，其他店长们也纷纷表示赞同，开始向这个意见靠拢。然后，随着讨论的进一步深入，大家找到了一个大方向，那就是"打造一家以人格魅力吸引顾客购买的书店"。

对于店长们提出的"以人格魅力吸引顾客"的理念，笔者个人也非常喜欢。只不过，对于如何把这一理念进行渗透还多少有一些担心。不过，店长们各抒己见，想出了不少好主意。还有位店长建议定期组织活动让各家店铺介绍自己开展的活动，由此创造相互学习、相互吸收的机会。

就这样，该连锁书店树立了“以人格魅力吸引顾客”的目标，各家店铺由此开展了各种丰富多彩的活动。而且在树立这一目标后，每位店员也开始思考怎样通过人格魅力吸引顾客。

在各家书店开展的众多活动中，有一家采取了把店内装饰全部翻新的方法。在很多书店，一般来说不过是贴一些普通的宣传海报，而在这家店铺，每位售货员都把自己的想法以店内装饰的形式表现出来。这家店还以独特而吸引人眼球的方式把提供的各项服务（选书建议、搜索服务、赠品·促销活动等）搞得有声有色，让顾客更加便利地利用这些服务。

另外，这家店为了淡化书店“严肃沉闷”的形象，加强了店员所佩戴的名牌的作用，使其成为了有趣的交流工具。比如，过去店员们胸前佩戴的名牌不但小，而且只单调地写着店员的名字，比如“石田”、“佐藤”等，而现在，他们在名牌上还写上了向顾客推荐的好书的书名和自己所擅长的书籍领域。

虽说采取这一方法后并没有立竿见影地产生什么变化，但确实有更多的顾客注意到了店员们胸前佩戴的五颜六色的大名牌。而且还有不少顾客称赞店员，说：“你们的名牌真有意思。”

在最为重要的待客环节，店员们也始终贯彻了勤向顾客打招呼、微笑待客的原则。毕竟，不论采用多少小点子，如果最终店员在人格魅力上没有提高的话，就成不了一家“以人格魅力吸引顾客”的书店。

就这样，全体员工以打造一家扎根于本地、如家一般温馨的书店为目标，付出了方方面面的努力。通过让团队上下分享同一个目标，最终书店的销售业绩有了大幅度提高，让员工们自己也惊叹不已。

相信读者朋友们从这个事例中也可以看出，一个团队从整体上坚持分享同一个目标是多么重要了吧。

这一招让我们的顾客更满意

树立一个让团队的所有成员每天都共享的共通的目标。

这家日式料理连锁店的口号是“把盛情款待进行到底”。

作为一个团队，怎样才能运作良好、获得顾客的支持呢？首先，让顾客觉得“这家店与众不同”至关重要。换一个说法，就是要明确店铺的卖点。

像在上一小节中所介绍的那样，如果我们明确了自己想打造一家怎样的店铺，不但顾客会感受到店家的魅力，每个团队成员的目标也会变得一致，最终也能够间接地提高整个团队的实力。

或许有不少人认为，一般来说连锁店的各家分店都是一模一样的。之所以抱有这样的印象是因为经常光顾同一家店，或者只去过为数不多的几家店。实际上，即使是连锁店，不同店铺之间也存在着很大差别。无论一家拥有众多连锁店的公司整体业绩再怎么好，店与店之间也一定是存在着差距的。

笔者有时会花上好几个月时间，走访同一家公司遍布全日本的各家分店。每当笔者走访这些店铺时，感到最不解的就是为什么不同店铺之间会产生如此大的差距。于是，当笔者发现优良店铺时，就会思考这家店与其他店的不同之处。

经过多次思考，笔者渐渐明白，每家高水平的店铺都有一个类似经营口号的标语，也就是有自己的“目标关键词”。或许有些当事人连自己都没有意识到这是一个口号，但他们所流露出的“要打造这样一家店铺”的理念却是非常清晰明确的。

下面为读者朋友们介绍某日式料理连锁店的一家分店的事例。这家分店在经营时，把“把盛情款待进行到底”作为了关键词，因此在该分店随处可见的是在其他店铺没有的特色服务。

比如，作为该连锁店的统一规定，各家分店只需把擦手毛巾摆在餐桌上即可。唯独在这家分店，服务员会把擦手毛巾亲手递到每一位顾客手上。而且，店员们还格外注意来店顾客的大衣或提包，会帮顾客寄存大衣，或者专门拿篮子过来供顾客放置行李等。给顾客倒水也非常勤快、及时，而这一点是其他分店都做不到的。

也就是说，这家分店所提供的服务，远远超过了总部制定的工作手册所提出的要求。他们之所以能做到这点，是因为把“把盛情款待进行到底”作为了最重要的目标，并在整个团队间进行贯彻。其他分店认为“太花时间”而不去做的，这家店铺都一一落实了。

据说在最开始时，举行各家分店碰头会时其他店铺的员工纷纷表示不解，甚至笑话这家店“为什么要花时间做到那个份儿上”。但这家店的店长和店员丝毫不介意其他店的质疑，而是上下团结一心，全力去实现自家提出的“把盛情款待进行到底”这一目标。

这家分店通过上述的各种举措，虽地处非都市区，但回头客日益增加，在日本所有分店的销售业绩排行榜上名列前茅的次数也越来越多。而排在前几位的店铺几乎都在东京非常好的地段，所以这家店更成了一个难能可贵的案例。

通过上述事例我们可以看到，如果一家店铺明确了自己应该以什么样的关键词为目标把店做下去，整个团队也更容易领会执行。通过运用这个关键词举办员工培训或开早会，会让团队作为一个整体发挥出更好的作用。该家分店的店长反映说，给员工们教这教那，不如反复强调关键词有效果。

各位读者朋友们所工作的店铺，是否也有一个经营口号或服务口号？我们是否能用一句话说出店铺的目标是什么？我们应该把口号精炼成一句话，而不是用各种词把目标“塞”得满满的。然后，要把这句口号在整个团队间一直贯彻下去。无论是晨会还是日常会议时，要经常重复强调。相信这么做之后，每个人都会开始认真思考这个口号的实质含义。

比如，如果我们的口号是“做一家待客速度比别家都快的店铺”，那么就应该时刻把速度放在心上，在开会时也应就这一课题展开讨论。而对于新员工，要把如何做到行动迅速的要领教授给他们。通过在方方面面贯彻执行这一口号，我们就能把店铺打造成一家“待客速度比别家都快的店铺”。

这一招让我们的顾客更满意

43

制定一个自家店铺专属的标语口号。

什么？“Credo”这个词你都没听说过？

不知道各位读者朋友们有没有听说过“Credo”这个词？直译过来就是“信条”的意思，说得简单一点，或许还可以理解为“必须遵守的至关重要的规则”。一说到“Credo”，人们往往会想到日本一流酒店 Ritz-Carlton 的著名“信条”，不过笔者也听不少人说：“听起来确实是那么一回事儿，但好像不怎么现实啊。”

确实，“信条”这个词本身就带给人抽象晦涩的印象。再加上说明“信条”时所列举的公司，要么是非常著名的大公司，要么是提供高档次服务的场所，所以“信条”给人的印象是门槛高、难接近。

但我们没必要生搬硬套“信条”一词，只要将其看作是以书面形式总结出的“必须遵守的至关重要的规则”，就会觉得亲切了许多。这一“规则”是每位员工都必须严格遵守的，有至高无上的地位。因为只要有一个人打破了它，一切努力都将化为泡影。

“信条”首先应该是公司上下一齐贯彻执行的，不仅如此，其实单以某家店铺为单位或以某个员工为单位，只要善于运用“信条”，都能发挥出巨大的威力。而且，上一小节讲到的标语口号，在让整个团队领会、贯彻口号或把口号与实践相结合时，“信条”都将起到极其重要的作用。

当以一个店铺为单位去制定“信条”时，不应该让店长独自一人坐在桌前正襟危坐地冥思苦想。那些善于运用“信条”的店铺，都是利用全员聚集在一起的员工会议等场合，在短时间内把“信条”制定出来。同时，还要有一个“摸着石头过河”的态度，把最开始的 3 个月当成试行期。

那么，“信条”具体到底是怎样制成的呢？下面就让我们实际来看一家店铺的事例，他们从零开始制作出了自家专属的“信条”。

作为最开始的步骤，是在员工会议等场合，大家一起讨论想把店铺发展成什么样子。如果很难创造这样的机会，我们还可以采取调查问卷的方式，向每一位员工征求意见。在兼顾公司理念的前提下，大家一起探讨应该把店铺发展成什么样子。

比如可以把目标定为“成为一家无论顾客什么时候光顾，都能看到灿烂笑容的店”，重点是用尽可能具体的词语把我们要实现的店铺的样子描绘出来。这就是大家要做的第一步。

不过，既然让全体成员各抒己见，就肯定会出现不一样的观点。遇到这种情况时，我们应该花时间进行充分探讨，逐步修正直到每个人都能认可。在没有达成一致意见时就强行向前赶是不可取的。因为如果这样做，随后一定会产生反作用。

接下来要制定“规则”。第一步已经描绘出了店铺应有的形态，大家要共同讨论为实现这一“应有的形态”，每个人应该遵守怎样的规则。这一步骤既可以采用调查问卷的形式，让每个人写出10条后收集起来，也可以在员工会议上让大家相互发表意见。

收集起大家的意见后进行统计整理，如果有些意见相似，那么就把这些相似的意见总结在一起。在对每条意见进行认真、充分的讨论后，最终提炼出3到10条“规则”。当大家提出的意见过多时，如果有些是绝对不能忽视的，就应该保留下来。

做到这一步，基本上就已经完成了。最后一步，是将这些“规则”书面化，贴在大家都能看到的地方。而且，如果能将这些“规则”印在名片大小的卡片上让每位员工随身携带，就算得上是像模像样的“信条”了。假如不考虑以整个店铺为单位，而仅以一个人为单位制定“信条”时，步骤也是完全一样的。

为避免“纸上谈兵”，制定出的“信条”应该每天反复加以实践。在早会或员工会议上，应该积极地以“信条”为主题展开讨论。通过天天随身携带并一遍又一遍地阅读确认，所有员工们会越来越觉得“信条”离自己很近。

由我们自己制定“信条”并充分运用到方方面面，这样做也会让顾客自然而然地明白我们店的态度和精神。不仅如此，在加强团队纪律、员工整体意识上也一定会发挥出绝佳的效果。

这一招让我们的顾客更满意

44

为自己制定专属的“信条”，天天放在身上。

只要会拉磨，“懒驴”你也敢用？

要提高团队的整体能力，每一位员工都必须有较高的意识，否则会出问题。光让有经验的老前辈一个劲儿地去努力，终归是有限度的。

所以，对于刚刚加入的新员工，必须手把手地帮他们把基本功打扎实。不过笔者想向读者朋友们强调的是，有一点比帮新员工夯实基本功更为重要：录用什么样的员工。这是因为，说“服务品质在决定录用什么样的员工时就已经确定了”也绝不为过。

笔者在跟众多企业经理或店长聊天时，他们都会“异口同声”地告诉笔者：当今这个时代，就算登招聘广告也很难招到人，而且很多人来了没几天就辞职不干了。因此人手不足的状态一直得不到解决，甚至可能会影响到公司的经营管理。

可话又说回来，为了确保人手充足而提高时薪也是一件难事。因为劳务费的大幅度提高可能会给公司管理带来很大的压力，而且提高时薪是否就能招到人也是个未知数。不仅如此，考虑到花了高额时薪雇来的人是否能坚持工作很长一段时间，也是个问题。

出于上面这样的担心，老板们都说不敢对录用的员工严格要求。因为要求得太严而导致员工辞职不干的话，一切还要从头再来。因为太害怕出现这样的情况，所以不用说严格要求了，甚至有些老板还得求员工别走。而且，有的老板为了确保人手充足，对于接受了面试的人一律进行录用。

然而，这么做绝不可能把店铺打造成一家团队能力强、魅力大的店。我们的店铺毕竟是应该有一个努力的大方向的，所以绝不应该录用跟我们持相反想法的人。

虽然笔者理解人手不足这条理由，但如果为了确保人手而妥协的话，只会在恶性循环里越陷越深。这是因为跟店铺经营理念不合的人最终辞职的概率非常高，而且店铺的氛围也会不断恶化。所以说，哪怕是硬着头皮，最开始时也一定要把人看准了再录用。

那么，在录用员工时，什么事项是一定要告诉应聘者的呢？

我们一定要让应聘者明白“工作要求是严格的”。这一点在最开始时就要明确地告诉应聘者，然后再问他是不是真心想做这份工作。当然，我们需要简明易懂地说清楚这份工作具体在哪些方面不容易做。

在面试的阶段，首先要把具体的工作内容及工作难点解释清楚。视具体情况，还可以由已经在店里工作的员工解释工作现场的情形。

下面的事例是笔者从某家餐饮店的店长那里听来的。在这家店，不但辞职的人很少，每位服务员的服务水平也都非常高。询问其理由，店长回答说他在面试新员工时，会毫不掩饰地告诉应聘者这份工作的要求是怎样严格的。

而且这家店采取了一项非常独特的方针：把录用后的第一个星期作为互相“看透”对方的期间。店长在这一个星期内观察录取者的工作状态和态度，如果觉得今后可能很难做下去，就明确地告诉录取者。

当然，在面试阶段，店长就会告诉应聘者在一周的观察期内如果不合格就得辞职，让应聘者明白该店在录用上也是没有半点马虎的。相应地，被录用的人做了几天之后如果觉得做不下去，也可以打电话或者发一封邮件辞职。

该店在雇用员工上花的力气非常大，作为录用员工的店方在对待此事上绝对没有半点马虎。所以店方从最开始的阶段也要求被录用者对工作要有同等高度的认识。从结果上来说，最后剩下的都是工作意识很强的员工，辞职率自然也很低。

所以我们可以看到，服务品质的高低也会受到录用方式的影响。正因为如此，哪怕是在招聘临时工时，也不要为解一时之急而敷衍了事，而应该把一切都说明白，让应聘者在理解、接受后再加以录用。

凡是在店方坦诚地解释了工作要求之严格后还愿意留下来的人，都是真正能成为店铺战斗力的人。优秀的人在一起工作，不但服务品质会得到提高，辞职率也会大大降低。这会创造一个良性循环，并提高员工们的工作积极性。

如果读者朋友们对自己店铺现在的员工状况有所不满，不妨从这种长远的角度出发，思考一个更有全局意义的录用方针。

这一招让我们的顾客更满意

45

录用员工时更应该自始至终保持严格的态度。

临时工就可以什么事都不懂吗？

“服务质量参差不齐”——相信不少工作在服务现场的员工们对这句评价深有感触。特别是那些拥有很多家分店的连锁店，更容易出现这种情况。说到连锁店，人们往往觉得从里到外都经过了标准化，无论看哪家分店都像是从一个模子里刻出来的。其实不然，只要是有人参与的部分，不可能做到整齐划一。

连锁店在培训员工时特别容易出现这样一种情况：对正式职工的教育做得非常到位，但对临时工或钟点工却完全不做任何培训。因此在这些店铺里，根据星期几或时间段的不同，服务员的待客质量也完全不一样。

比如在某家化妆品销售店存在着这样的状况：在周一到周五的空闲时间段，一定会有知识丰富的正式员工接待顾客，而在星期天客流量多的时段，柜台里站着的却是还没熟悉工作的店员。向他们询问有关商品的知识，他们也只会拿来宣传册，上面怎么写的就怎么念出来。

实际上，这家店节假日时的顾客数量较多，为了解决这个问题，店家雇用了大量的临时工和小时工。但因为几乎不对他们做任何培训就直接派他们到工作现场，所以他们根本不知道该对顾客解释什么、如何解释。

公司总部原本是这样考虑的：因节假日来访的顾客特别多，所以只要有员工在场，商品应该就能卖出去。可这么想是一个巨大的错误。其他分店在接待顾客时态度客气、解释认真，所以销售业绩不断上升，唯独这家店铺，顾客虽多，但大部分都只看不买。这是因为虽然顾客们对商品有兴趣，但在场的售货员们不具备向顾客充分说明商品并促使其购买的能力。

很遗憾的是，在了解了该分店的状况后，公司也没有能力马上改变现状。因为正式员工本身也不具备培训临时工或小时工的知识和经验。他们虽然自己懂得怎么去卖，却不知道怎么教会别人去卖。结果该分店在这种混沌的状况下浪费了大量时间，一直拖延到了不能再耽搁下去、需要进行根本性大改革的时候。

在这里笔者希望引起读者朋友们的重视：顾客才不会管我们有何种理由。比如，即使我们拿出“我们雇的是小时工，所以不熟悉商品特点”的理由，顾客也不会接受。顾客的想法是：“既然你作为售货员站在柜台后边，就必须能把商品介绍得一清二楚。”虽然我们向顾客解释“星期天的班上全是临时工”，但这跟顾客又有什么关系？

所以说，当店里出现了什么问题时，试图拿“那时候不巧是个临时工负责的”当借口息事宁人的想法是大错特错的。举一个最好懂的例子来解释，当你在餐厅向顾客解释“那天为您做菜的不巧是个刚刚学会做菜的厨师，所以菜做得难吃也是没办法的”时，是不会有顾客接受的。

既然我们向顾客收取相同的费用，我们就有义务极尽全力向其提供同等品质的服务。为此，我们必须打造一支任何时刻、把谁放到现场都让人放心的强大团队。也就是说，必须建立一个强有力的机制，使店铺在店长或领班不在时也能良好地运作。

要想创造出这样一个状态，必须让所有员工都具备超出一定水平的知识，而且还都必须具备达到一定水平的服务能力。也就是说，无论是临时工还是小时工，全体成员都必须具备超出一定水平的技能。

要实现这一状态，首先必须创造出一个谁都能充分学习的环境，不论他的身份立场如何。如果全体成员都学习同样的知识，一定能够保持相当的水平。

其次，员工之间的信息共享也非常重要。这一点做得越到位，店铺的质量就越高。通过横向加强员工之间的联系，可以飞跃式地提高店铺整体的水平。

如果读者朋友所在的店铺里，因提供服务的员工而在接待顾客上产生了较大差距的话，就应该马上开始改变现状，比如举办学习会来提高团队的整体水平，或者在员工之间共享新商品信息、顾客投诉内容等事项。这些措施应该花不了多少时间就能执行。如果我们打造出的团队不管在什么时候、派谁上岗都能放心的话，无论是店铺的价值还是我们自身的价值，都会有巨大的提高。

这一招让我们的顾客更满意

46

建立一支所有员工可以相互学习的团队。

该做的事都切实做到了吗？

发扬长处、改正短处。虽说这是理所当然的，但实际做起来远远没有嘴上说得这么简单。不但有不少人反映“道理是明白，可就是做不到”，而且通过观察各式各样的店铺实际情况，笔者也发现确实很难实现这个说起来简单的道理。

特别是一提到“改正短处”，不少人会立刻产生消极的态度，认为：“要是真能做到的话也不至于这么烦恼了。”

看起来如此简单的事，为什么就这么难做到呢？

首先可以想到一点原因，就是虽然我们嘴上说着要改正，但其实在内心深处觉得现状也挺舒服的，没什么心思做出改变。这是积极性的问题。而另一点原因是技术上的问题，也就是说虽然我们想去改变，但却不知道该怎么办。

但后者的问题从严格意义上来讲，也可以认为是积极性的原因。这是因为，如果自己不知道该如何改善不足之处，还可以通过调查摸索或询问他人找到解决的方法。比如找前辈、同事商量，或者询问顾客的意见等，总之方法有很多。

虽然有这么多方法，但如果我们还是抱怨“不知道该怎么办”，那就说明我们真心想去改正的愿望不是那么强烈。也就是说，还没走到必须彻底地寻找解决方案的那一步。

笔者通过观察各式各样的店铺感受到：在一个优秀的团队里，“发扬长处、改正短处”的习气总是会被深深地扎根于团队。当出现什么麻烦时，全体队员会马上开展行动解决问题。这时整个团队全然不存在丝毫犹豫，不会因为“不知道如何是好”而发愁。虽然可能会碰到各种困难，但一个方案不行就马上再拿出一个新的来。如果遇到了失败，大不了换条路重新再走。

相比之下，那些走得不顺的团队，无论遇到好事还是坏事都做得毫无章法，得过且过。他们从来都只会应付一时，所以即使做得好的事也持续不了多久。

下面就让我们来看一看某家旅馆所采取的措施：

这家旅馆首先请顾客们填写一份调查问卷。如果这张调查问卷获得了好评价，就用于表彰。如果获得了差评，该旅馆不会以此批评员工，而是要求他们在几天之内拿出改善方案，并在1个月之内执行。

1个月后，旅馆总负责人组成领导班子，听取各位员工的改善报告。之后，他们会委托外部的咨询公司，帮助检验改进过后的部分。而且，该旅馆还把好事例和坏事例都输入到电脑里，让员工能一览过去的各种事例。

也就是说，对好的部分进行表扬，对不好的地方进行改善。这家旅馆建立起了这样一种机制，整个组织将其做得井井有条。

如上所述，要想把长处发扬下去，必须建立一个机制，通过表彰等方式让表现出色的人觉得高兴。无论是谁，被表扬了都很高兴，而且还会被激发出继续努力的干劲。然后通过不断的坚持，组织会越来越强大。

同时，当发现了不好的部分时，一定要对如何才能尽快改善加以重视。为此，就必须建立起一个让每位团队成员都能马上行动起来的组织。而且，团队上下能够毫无顾忌地各抒己见，保持"内部信息通畅"也是非常重要的。

此外，通过把好的处理方式和坏的处理方式以资料的形式保存下来，可以积累解决问题的知识及技巧。查看这些资料，还能检查出相同顾客的投诉是否反复发生。如果反复发生同样的问题，就应该找出一个能从根本上解决问题的对策。

或许有的读者朋友会说：“没有你说的这么简单”。然而事实是，但凡在优秀的店铺，任何一位工作人员都做到了“发扬长处，改正短处”。

这些店铺并没有做什么大不了的事情，无非就是在发现了不好的地方后马上采取对策解决问题，而不是置之不理。如果能做到这点，那么该做的事自然就能做得很好。

这一招让我们的顾客更满意

47

建立一个发扬长处，改正短处的机制。

响彻店内的“欢迎光临”之声让人听着真舒服！

凡是在充满活力的店铺，服务人员的反应都是极其迅速的。这也是判断一家店铺是不是优秀店铺的一个重要因素。比如，当我们走进一家店时，某位店员马上就对我们说“欢迎光临”。紧接着，又有另一位店员像回声似的重复道“欢迎光临”；当我们结账后准备离开店时，一位店员说过“欢迎您下次再来”后，紧接着又听到别的店员说“欢迎您下次再来”——这就是成为一家优秀店铺的条件之一。也就是说，单拿服务人员向顾客问候这一项来看，优秀店铺的反应速度也是极其迅速的。

如果我们想让店铺达到上文所描述的状态，让“回声”响彻店内，必须具备以下三个条件：

首先，每一位工作人员必须充分掌握店里的情况。那些只关注自己工作的人是抓不住整体的状况的，所以最终张不开口。等他“幡然醒悟”的时候，其他店员早已打过招呼了。相反，那些在做好自己分内工作的同时，也了解整个店内状况的人，具有很强的洞察能力，知道店里正发生着什么，所以他们不会错过打招呼的时机。

第二个条件，是掌握一连串的工作流程，知道应该在哪个场合打招呼。如果掌握不了工作流程，就不知道在哪里、在什么时候打招呼，最终会比别人慢一拍。如果能在做自己工作的同时大脑里还这样思考：“现在那边正在打包顾客的商品，接下来大家就该说‘欢迎您下次再来’了”，就不会出现打招呼时比别人慢一拍的情况。

第三个条件，是在最佳的时机发出精力充沛、略微嘹亮的声音。笔者在观察过很多店铺后发现，凡是“回声”响彻店内的，从整体来看店员们的声音都嘹亮悦耳。

单是观察店里有没有“回声”，就能在一定程度上看出一家店铺的实力。这是因为“回声”需要考验一个团队的综合能力。制造“回声”效果，就像是全体成员一起跳绳一样。只要有一个人被绳子绊住了，整个“回声”就会停下来。我们没办法每次在制造“回声”前都喊“1、2、3，开始”，所以全体成员必须心有灵犀，抓好时机。因为在抓好时机的同时每个人都在忙着自己的工作，所以自然需要相当高的团队实力。

店铺的“回声”效果可以分为好几种类型，不同的类型代表了不同的团队实力。比如，如果一家店的所有员工都整齐划一、精力充沛地齐声问候，仿佛是在表演一样，那么这家店的团队实力绝对是非常强大的。而且这样的店铺肯定也是极为热情好客的，顾客还没有开口，店员就能察觉出其需求。所以非常令人不可思议的是，这些店铺的工作人员不仅声音嘹亮、精神，洞察顾客情绪的能力也非常强。

第二种“回声”类型，是店员们虽然开口问候，但整个店铺没有活力。出现这种问题的原因在于，大多数店员觉得只要自己做好分内的工作就足够了。也就是说，他们认为工作的重心在于自己眼前的活儿，所以开口问候也容易流于形式。此外，这样的团队还有一个特点，那就是一旦出现什么问题，周围就会马上产生一种“反正跟我没关”的气氛。

第三种类型，问题最大的类型就是店里完全没有“回声”。在这些店铺里，只有顾客眼前的服务员说“欢迎光临”，其他员工甚至不会看顾客一眼。

之所以出现这样的问题，绝大多数场合，原因都出在店长身上。因为店长本人没什么工作积极性，对店员也没有任何要求，于是造成店里的气氛慵懒散漫。当然，这样的店铺不但销售业绩低迷，清洁程度或服务质量也肯定不会好。因为根本没有人想要努力工作，所以这样的结果也在情理之中。

相反，还有一种情况是只有店长一个人在高声问候。打个简单的比方，出现这种情况，就好比是店员们对店长提出了“不信任案”。虽然店长有努力工作的心思，可他的热情也不过是竹篮打水一场空。如果店长事先没跟员工们建立起相互信任的关系，就一个人高喊着“加油”、“努力”向前冲，就会导致这样的结果。

此外，原因还有可能出在店长的性格上，没有指挥别人的魄力。这样的店长性格太温顺，不敢向店员提出任何要求，结果一切都要自己来做。而店员们也利用了他的性格弱点，想“反正店长会做的，自己就算了”，于是就放松了对自己的要求。

要想让“回声”在店内回荡，团队内的相互合作是绝对必不可少的。而身先士卒带动大家则是店长的重要责任。为此，我们既需要有一定的纪律，还需要提高每一位员工的服务水平。

而最为重要的是，所有员工都必须清楚透彻地理解到底什么才是“盛情款待”。因为只有懂得盛情款待顾客的重要性的员工多了，店内的“回声”效果才有可能提高。

这一招让我们的顾客更满意

建立一支充满活力的团队，让“回声”响彻店内。

“心有灵犀一点通”的配合看上去真美！

凡是顾客满意度高的店铺，在“配合默契”上做得肯定特别出色。上一小节所介绍的店铺内的“回声”现象就体现了一种配合。在运营一家店铺时，除了“回声”之外还需要多种配合工作。而且，团队不应该由店长一个人从头到尾做出指示，而是每位成员都明确了解自己的分工，并在整个工作流程中自然而然地做到默契的配合。

虽然绝大多数店铺对每一位工作人员都有明确的分工、安排，但有些店铺还是会让顾客觉得“这家店的服务很差”，这是因为每一位服务员都只关心自己分内的工作。所以当其他员工需要帮助时，不被要求的话，他们自己绝对觉察不到。每个人的工作都是相互隔离的，配合自然不会存在。

笔者甚至观察到，在极个别店铺里，有些员工竟然像相互不认识一样。他们虽身处同一空间，但完全没有任何交流。在这种状态下，员工之间自然不会存在默契配合。

简单一句“配合”，其实也分各种情况。举一个简单的例子来说，一位服务员告诉其他服务员“刚刚来了一位怒气冲天的顾客”也是一种“配合”。此外，一个人收拾完盘子后另一个人马上过来擦桌子，或者针对某一信息员工们分工调查等，都属于“配合”。

如果这些配合能在“心有灵犀”中开展起来，换句话说如果在员工之间建立了非常默契的关系，以至于不用开口说“下面交给你了”，别的同事也能马上赶过来帮忙，那么店铺的服务品质也将有飞跃式的提升。

下面为读者朋友们介绍一个糕点店的事例。有一位顾客一次性要买很多蛋糕，当他说着“我要 5 个芝士蛋糕、3 个草莓奶油蛋糕……都打包带走”时，另一位店员马上走了过来，开始为这位顾客做打包的准备，他展开盒子，把蛋糕一个个放进去。

在这个店员装蛋糕的时候，刚才那位跟着顾客挑选蛋糕的店员又在干什么呢？原来他马上进入了下一环节的结算金额的工作。这两个店员不但动作迅速，而且极为流畅。笔者在一旁注视着他们，不禁佩服这家在无声中就能完成十分默契的配合的具有优秀团队体制的店铺。

一个人忙的时候，其他人立刻上来帮忙。这种悄无声息的帮助看上去特别的美。当然了，有时候我们也可以有意识地用言语进行交流。对于某些想充分完善管理体制的企业而言，员工之间的言语表达也是非常重要的。我们可以这么认为：相对于每次必须喊出声来叫别人帮忙，无声中就能察觉出对方需要并提供帮助的服务更高一筹。

凡是懂得如何“款待”顾客的团队，在行动时都会预测好下一步怎么走。这里所说的“款待”包含两个侧面。第一是与顾客直接接触时如何“招待”顾客，也就是说，要抢先解读出顾客需要什么，并思考怎么做才能满足顾客的需要。

“款待”的另一个侧面，是如何“对待”自己的团队。团队成员之间要互相预测对方的行动，互相配合、帮助。队员之间的互相配合也间接地影响到对顾客的款待。就像刚才介绍的糕点店的例子一样，两个店员的并行合作就缩短了顾客的等待时间。

要想做到默契的配合，团队成员之间必须建立起非常坚实的信赖关系。为了提高相互之间的信任感，团队内必须做好交流工作。因为通过交流，相互之间越是了解对方的状况，就越容易从对方的动作中解读出其需要什么。

无论我们的身份是临时工、钟点工还是正式员工，都不妨对工作开始前后的小小会话加以重视。有些话题看起来跟工作没有丝毫关系，但实际上很有可能给双方的配合带来巨大影响。

也有很少一部分人认为：“只要工作干好就行，没必要跟其他人聊天、交流。”如果抱有这种想法，就根本不可能在深层次的意义上“款待”好顾客。虽然从表面上看来可能没有什么问题，但这样的人还谈不上已经做好了真正让人信赖的工作。

如果读者朋友们也想创建一支懂得默契配合的团队，就应该在一些日常随意的会话中掌握了解周围人的状况或想法。大家的交流程度越深，相互之间的信任感也就越强，最终一定会成为一支无需语言也能完成流畅配合的团队。

这一招让我们的顾客更满意

49

打造一支无需出声就能流畅地完成配合的团队。

真想在这样的店工作！

凡是服务质量好的店铺，员工满意度也非常高。无论是服务体验师调查的分析结果还是其他的研究结果，都证明了这一结论。这就告诉我们，如果想提高服务质量，同时也必须提高员工满意度。

那么，所谓“满意度”具体指的是什么呢？

笔者认为，“满意度”跟是否“待得舒心”是相通的。所谓“待得舒心”，是指心情非常放松。话虽如此，“舒心”却绝不意味着“轻松省事”。当然，既然是工作，那就必然会伴随一定程度的紧张感，与此同时，也会有些说不清楚的“舒心”感。

解释得再具体一点，虽然我们在肉体上可能很辛苦，在精神上很紧张，但员工之间相互信任，能感受到这份工作的意义所在。也就是说，把上述所有情况都包括在内，有一种想让人“一直在这里工作”的氛围。

如果员工满意度很高，员工们自然想在这家店铺里工作得更久一些。如果大家都这么想，经验丰富的老手就会越来越多。而这将更进一步地提高整个店铺的服务品质。

另一方面，笔者在跟服务质量较差的店铺的店员进行个人谈话时，发现大多数人都抱怨“恨不得马上辞职离开”。他们不仅没什么工作动力，而且还满腹牢骚。在这样的状态下，无论你怎么鼓励他们，也不可能说到他们的心里去。

提高员工满意度有很多种方法，下面笔者为大家介绍一家零售连锁店所采取的措施。过去，这家店铺的员工辞职率非常高，服务质量低下也是一个大问题。笔者接手这家店铺的咨询工作后，因必须马上进行解决，于是分三个步骤提出了对策。

首先，是“建立一个可以各抒己见的环境”。当笔者跟工作人员进行一对一的谈话时，发现他们存在着各种各样的不满意。其中有些问题只要互相说出来就能马上解决，不过因为没有一个可以互相交流的场所，所以导致不满越积越深。

于是，笔者要求店铺每星期开一次员工会，为员工们创造一个能坦率地互相发表感想的场所。会议采取这样的形式：会议开始前，员工们把这一星期发生的问题、产生的不满或者要求等总结出来交给店长，会议开始后店长根据这些问题组织员工展开讨论。而且，大家不仅要把问题提出来，还要一起商量对策，思考如何解决这些问题。

第二个措施是“自上而下的处理”。在员工会议上虽会展开广泛的讨论，但其中有些问题是当场解决不了的。关于如何处理这些难题，不是让它们就这么含含糊糊地“蒙混”下去，而是由店长或总负责人亲自制定解决方案。

比如员工反映了这么一个问题：搬运商品的推车太小，一次能搬运的数量非常有限，如果上货上得慢了，就会被销售员抱怨，这让人很不能接受。

另一方面，站在销售员的角度上来看，搬货搬得慢有可能错失掉大好的销售机会，所以他们认为一定要提高搬货速度，不能做出半点让步。遇到这种问题时，该店采取自上而下的方式解决问题，即让能说了算的领导想出方案对策，比如把推车换成更大型号等。

最后一项，是“建立‘表扬’和‘批评’的机制”。也就是说，导入“努力多回报就多”的机制。

具体来说，店铺把以往的工作流程做成了一个数据库，对于什么样的工作方式可以得到正面评估、什么样的工作方式会得到负面评估，明确了具体的标准。也就是说，通过建立这样一个机制，每位员工的努力程度会跟他的工资挂钩。

根据店铺的性质、种类或者现场出现的具体问题不同，提高员工满意度的方法也多种多样。然而最重要的是，只要创造出一个让工作人员觉得舒心的工作环境，他们对顾客的服务质量也一定会提高。我们每个人提高自己的工作积极性固然非常重要，但如果我们这么做的同时还能带动周围的同事，那店铺会变得更具魅力。

这一招让我们的
顾客更满意

建立一支所有员工都生龙活虎的团队。

“服务的细节”系列

《卖得好的陈列》：日本“卖场设计第一人”永岛幸夫

定价：26.00 元

《为何顾客会在店里生气》：家电卖场销售人员必读

定价：26.00 元

《完全餐饮店》：一本旨在长期适用的餐饮店经营实务书

定价：32.00 元

《完全商品陈列 115 例》：畅销的陈列就是将消费心理可视化

定价：30.00 元

《让顾客爱上店铺 1——东急手创馆》：零售业的非一般热销秘诀

定价：29.00 元

《如何让顾客的不满产生利润》：重印 25 次之多的服务学经典著作

定价：29.00 元

《新川服务圣经——餐饮店员工必学的 52 条待客之道》：日本“服务之神”新川义弘亲授服务论

定价：23.00 元

《让顾客爱上店铺 2——三宅一生》：日本最著名奢侈品品牌、时尚设计与商业活动完美平衡的典范

定价：28.00 元

《店铺防盗》：7 大步骤消灭外盗，11 种方法杜绝内盗，最强大店铺防盗书！

定价：28.00 元

《中小企业自媒体集客术》：教你玩转拉动型销售的 7 大自媒体集客工具，让顾客主动找上门！

定价：36.00 元

《敢挑选顾客的店铺才能赚钱》：日本店铺招牌设计第一人亲授打造各行业旺铺的真实成功案例

定价：32.00 元

《餐饮店投诉应对术》：日本 23 家顶级餐饮集团投诉应对标准手册，迄今为止最全面最权威最专业的餐饮业投诉应对书。

定价：28.00 元

《大数据时代的社区小店》：大数据的小店实践先驱者、海尔电器的日本教练传授小店经营的数据之道

定价：28.00 元

《线下体验店》：日本 “体验式销售法” 第一人教你如何赋予 O2O 最完美的着地！

定价：32.00 元

《医患纠纷解决术》：日本医疗服务第一指导书，医院管理层、医疗一线人员必读书！ 医护专业入职必备！

定价：38.00 元

《迪士尼店长心法》：让迪士尼主题乐园里的餐饮店、零售店、酒店的服务成为公认第一的，不是硬件设施，而是店长的思维方式。

定价：28.00 元

《女装经营圣经》：上市一周就登上日本亚马逊畅销榜的女装成功经营学，中文版本终于面世！

定价：36.00 元

《医师接诊艺术》：2 秒速读患者表情，快速建立新赖关系！ 日本国宝级医生日野原重明先生重磅推荐！

定价：36.00 元

《超人气餐饮店促销大全》：图解型最完全实战型促销书，200 个历经检验的餐饮店促销成功案例，全方位深挖能让顾客进店的每一个突破点！

定价：46.80 元

《服务的初心》：服务的对象十人百样，服务的方式千变万化，唯有，初心不改！

定价：39.80 元

《最强导购成交术》：解决导购员最头疼的55个问题，快速提升成交率！
定价：36.00元

《帝国酒店——恰到好处的服务》：日本第一国宾馆的5秒钟魅力神话，据说每一位客人都想再来一次！
定价：33.00元

《服务的细节029：餐饮店长如何带队伍》：解决餐饮店长头疼的问题——员工力！ 让团队帮你去赚钱！
定价：36.00元

《服务的细节030：漫画餐饮店经营》：老板、店长、厨师必须直面的25个营业额下降、顾客流失的场景
定价：36.00元

《服务的细节031：店铺服务体验师报告》：揭发你习以为常的待客漏洞 深挖你见怪不怪的服务死角 50个客户极致体验法则
定价：38.00元

《服务的细节032：餐饮店超低风险运营策略》：致餐饮业有志创业者&计划扩大规模的经营者&与低迷经营苦战的管理者的最强支援书
定价：42.00元

《服务的细节 033：零售现场力》：全世界销售额第一名的三越伊势丹董事长经营思想之集大成，不仅仅是零售业，对整个服务业来说，现场力都是第一要素。

定价：38.00 元

《服务的细节 035： 顶级销售员做单训练》：世界超级销售员亲述做单心得，亲手培养出数千名优秀销售员！日文原版自出版后每月加印 3 次，销售人员做单必备。

定价：38.00 元

《服务的细节 037：不懂大数据，怎么做餐饮？》：餐饮店倒闭的最大原因就是"讨厌数据的糊涂账"经营模式。

定价：38.00 元

《服务的细节 034：别人家的店为什么卖得好》：畅销商品、人气旺铺的销售秘密到底在哪里？ 到底应该怎么学？ 人人都能玩得转的超简明 MBA

定价：38.00 元

《服务的细节 036：店长手绘 POP 引流术》：专治"顾客门前走，就是不进门"，让你顾客盈门、营业额不断上涨的 POP 引流术！

定价：39.80 元

《服务的细节 038：零售店长就该这么干》：电商时代的实体店长自我变革。

定价：38.00 元

《服务的细节 039：生鲜超市工作手册蔬果篇》：海量图解日本生鲜超市先进管理技能

定价：38.00 元

《服务的细节 040：生鲜超市工作手册肉禽篇》：海量图解日本生鲜超市先进管理技能

定价：38.00 元

《服务的细节 041：生鲜超市工作手册水产篇》：海量图解日本生鲜超市先进管理技能

定价：38.00 元

《服务的细节 042：生鲜超市工作手册日配篇》：海量图解日本生鲜超市先进管理技能

定价：38.00 元

服务的细节 043：生鲜超市工作手册副食调料篇：海量图解日本生鲜超市先进管理技能

定价：48.00 元

服务的细节 044：生鲜超市工作手册 POP 篇：海量图解日本生鲜超市先进管理技能

定价：38.00 元

《服务的细节 045：日本新干线 7 分钟清扫奇迹》：服务业的工匠精神，连迪士尼和哈佛商学院都要跟它学！我们的商品不是清扫，而是“旅途的回忆”

定价：39. 80 元

更多本系列精品图书，敬请期待！

图书在版编目（CIP）数据

店铺服务体验师报告 /（日）本多正克 著；张舒鹏 译. —北京：东方出版社，2015. 8
（服务的细节；31）
ISBN 978-7-5060-8393-5

Ⅰ. ①店… Ⅱ. ①本… ②张… Ⅲ. ①商店—商业服务 Ⅳ. ①F717

中国版本图书馆 CIP 数据核字（2015）第 203662 号

服务的细节 031：店铺服务体验师报告
（FUWU DE XIJIE 031：DIANPU FUWU TIYANSHI BAOGAO）

作　　者：［日］本多正克
译　　者：张舒鹏
责任编辑：崔雁行　高琛倩
出　　版：东方出版社
发　　行：人民东方出版传媒有限公司
地　　址：北京市朝阳区西坝河北里 51 号
邮　　编：100028
印　　刷：北京楠萍印刷有限公司
版　　次：2015 年 9 月第 1 版
印　　次：2020 年 11 月第 4 次印刷
开　　本：880 毫米×1230 毫米　1/32
印　　张：7. 625
字　　数：105 千字
书　　号：ISBN 978-7-5060-8393-5
定　　价：38. 00 元
发行电话：（010）85924663　85924644　85924641